SÜSSE SOMMER TOPS HÄKELN

CV

INHALT

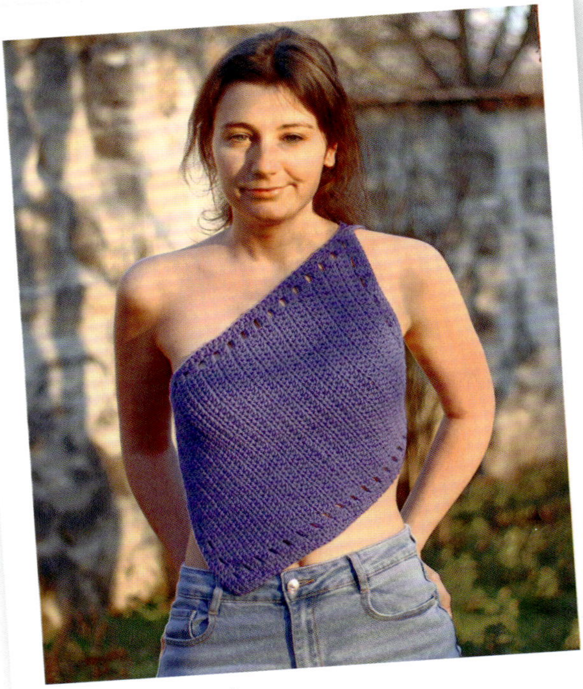

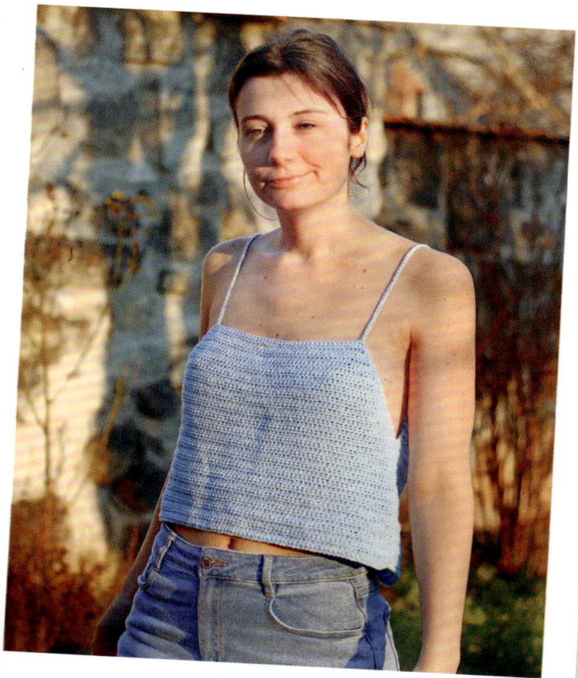

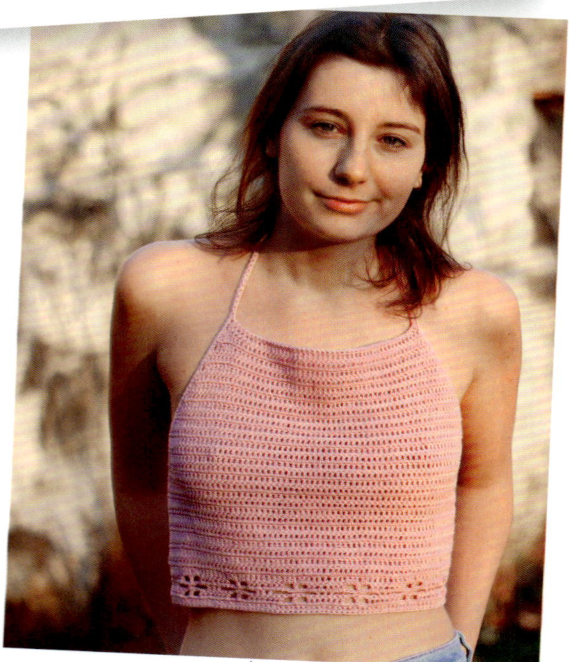

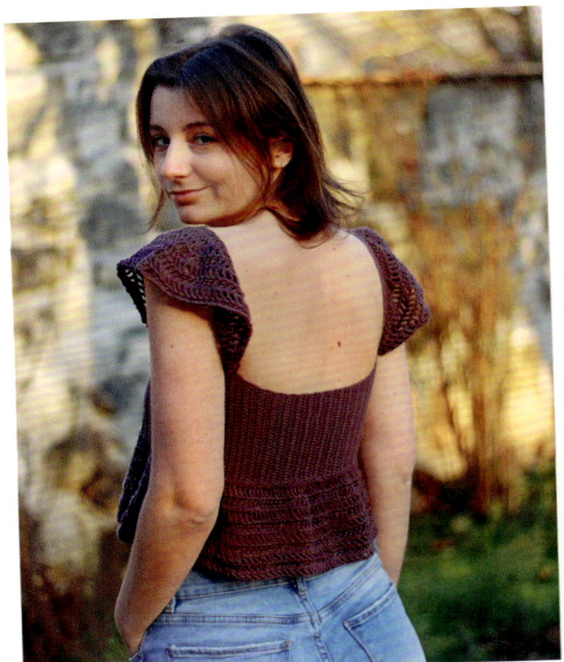

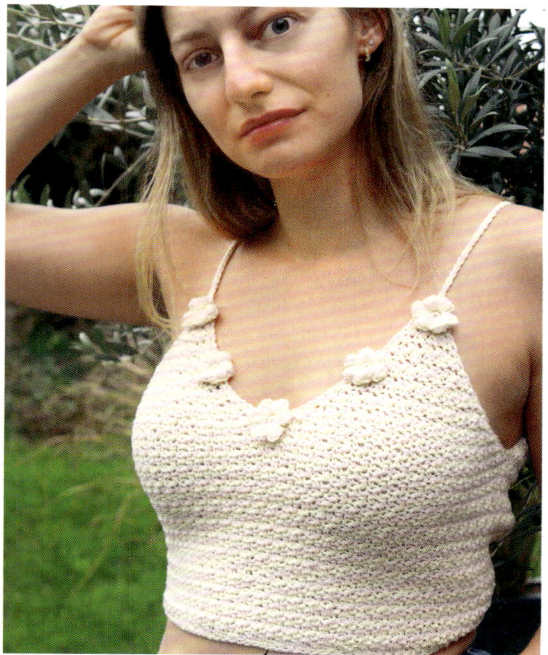

Flora
Seite 40

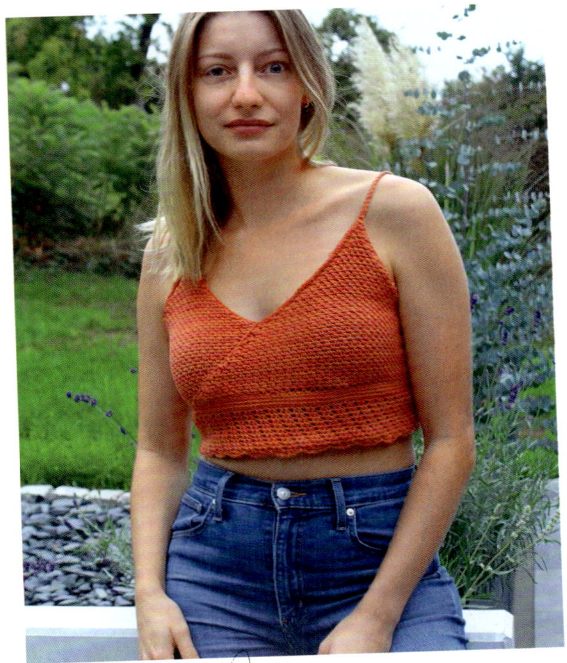

Hope
Seite 45

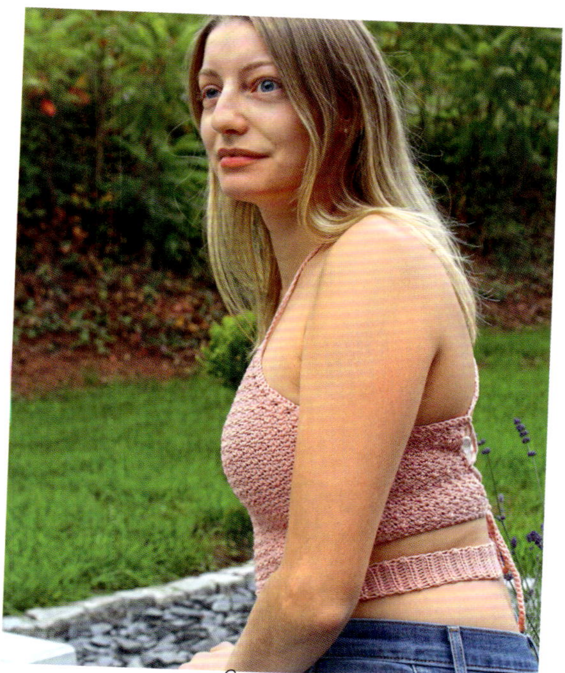

Jane
Seite 48

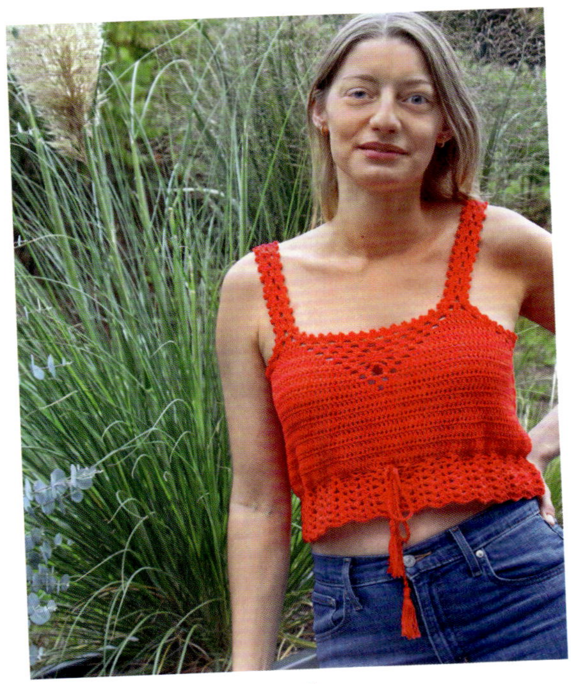

Nora
Seite 53

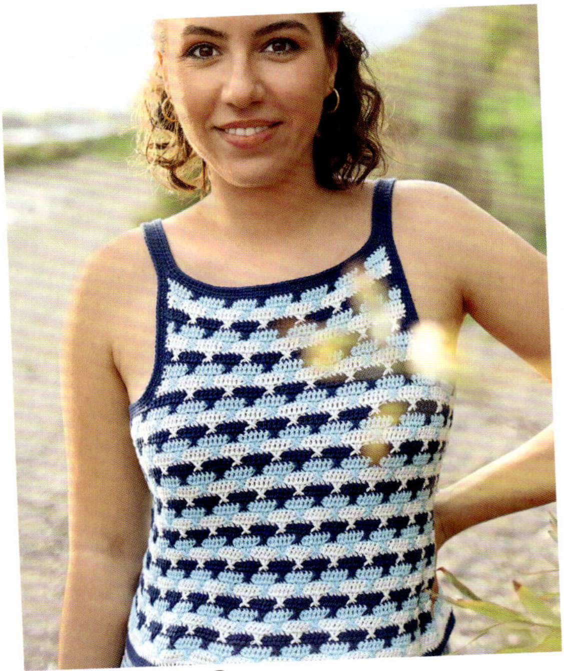

Marina
Seite 60

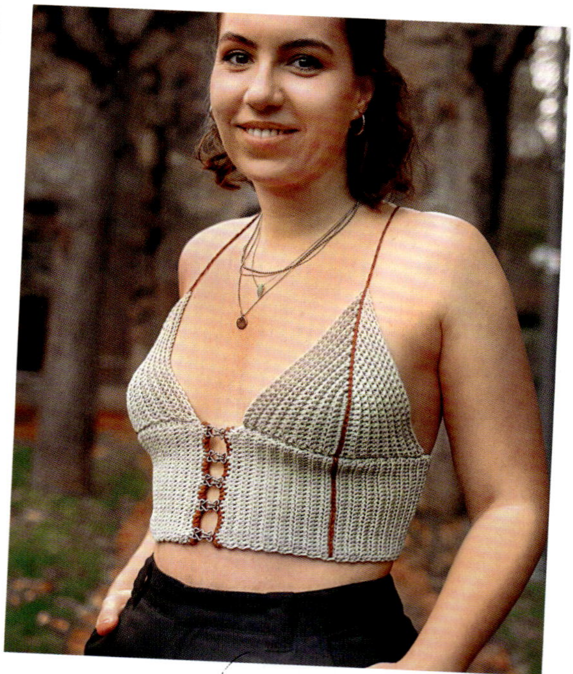

Bella
Seite 69

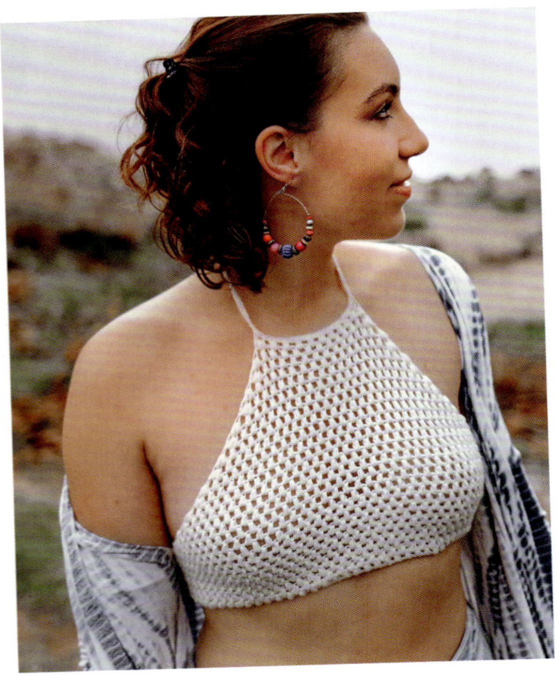

Chloe
Seite 75

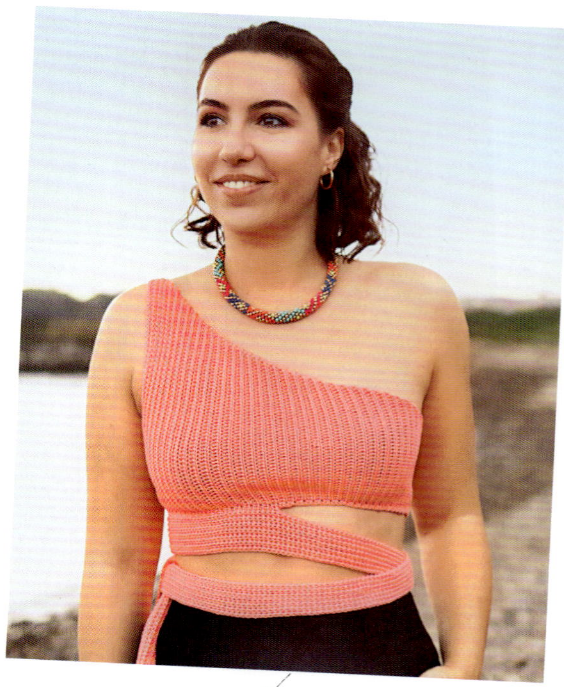

Livia
Seite 79

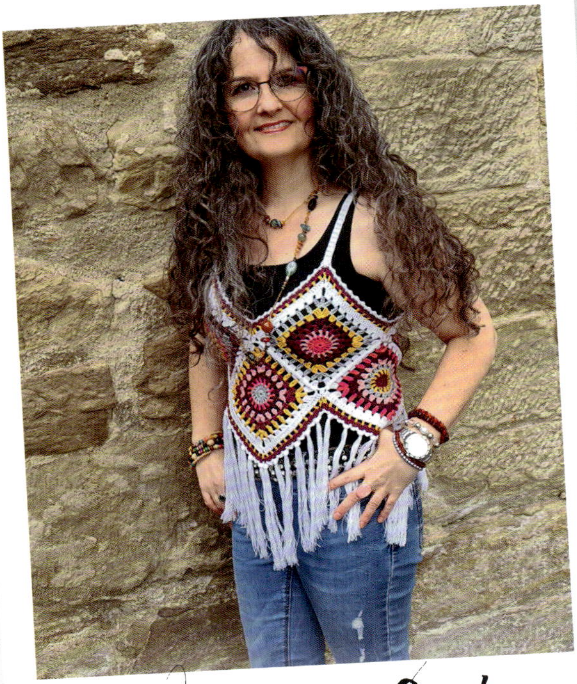

Hippie-Look

Seite 91

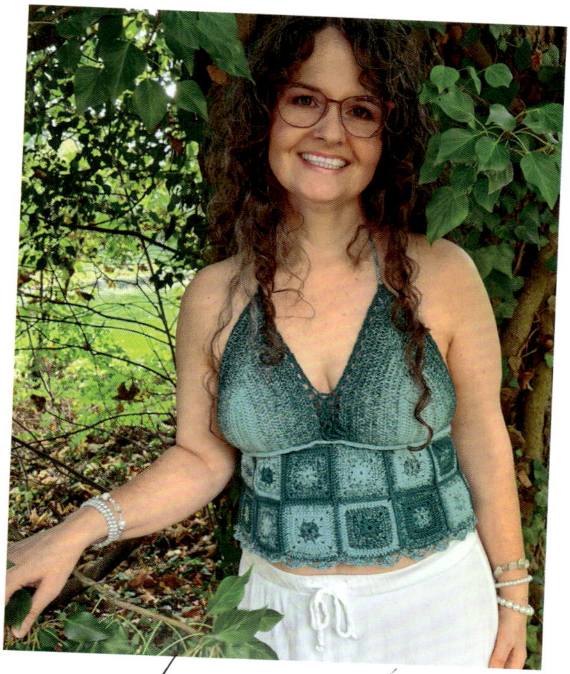

Tankini Love

Seite 96

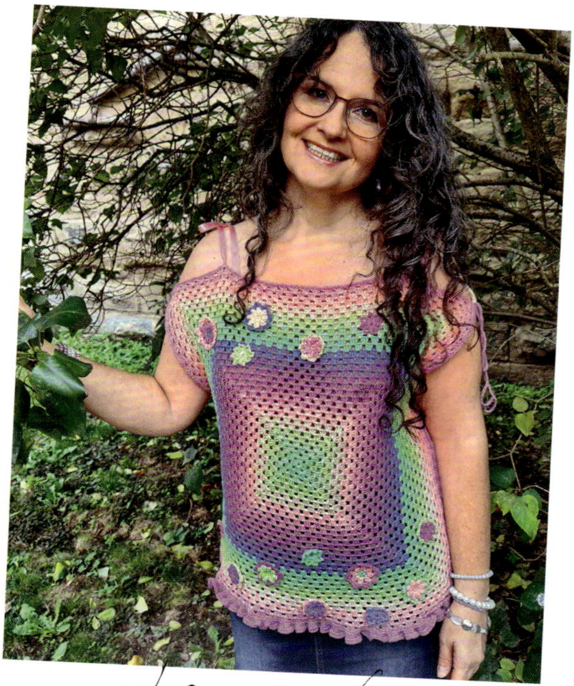

Flower-Power

Seite 102

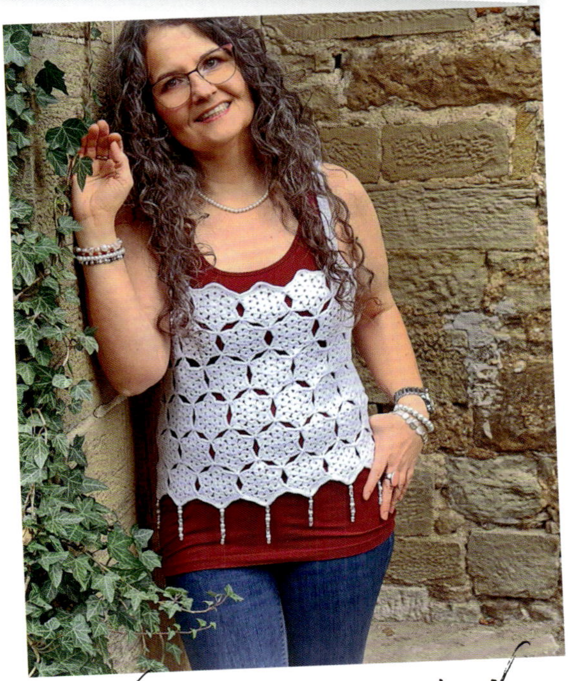

Das kleine Weiße

Seite 109

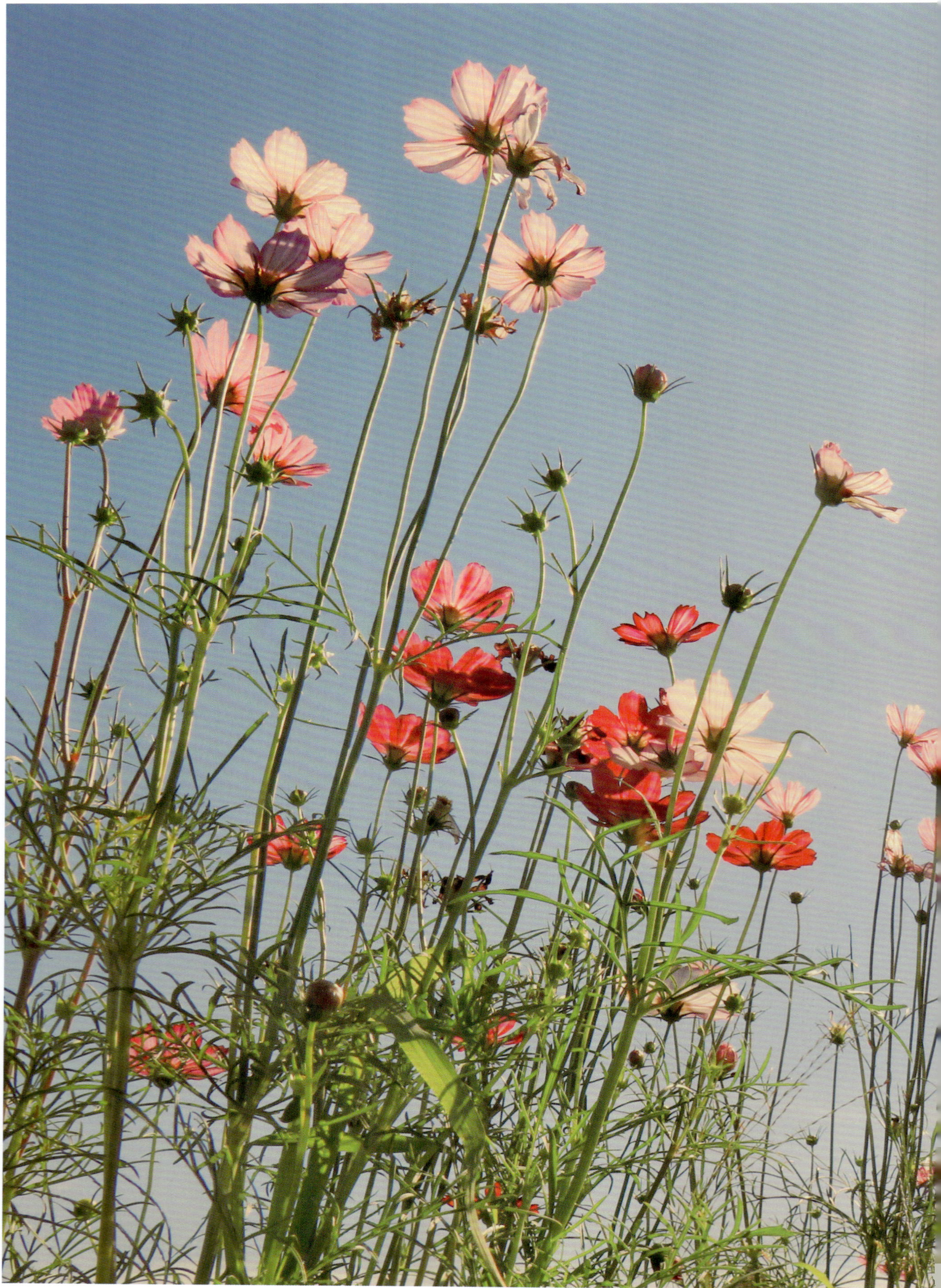

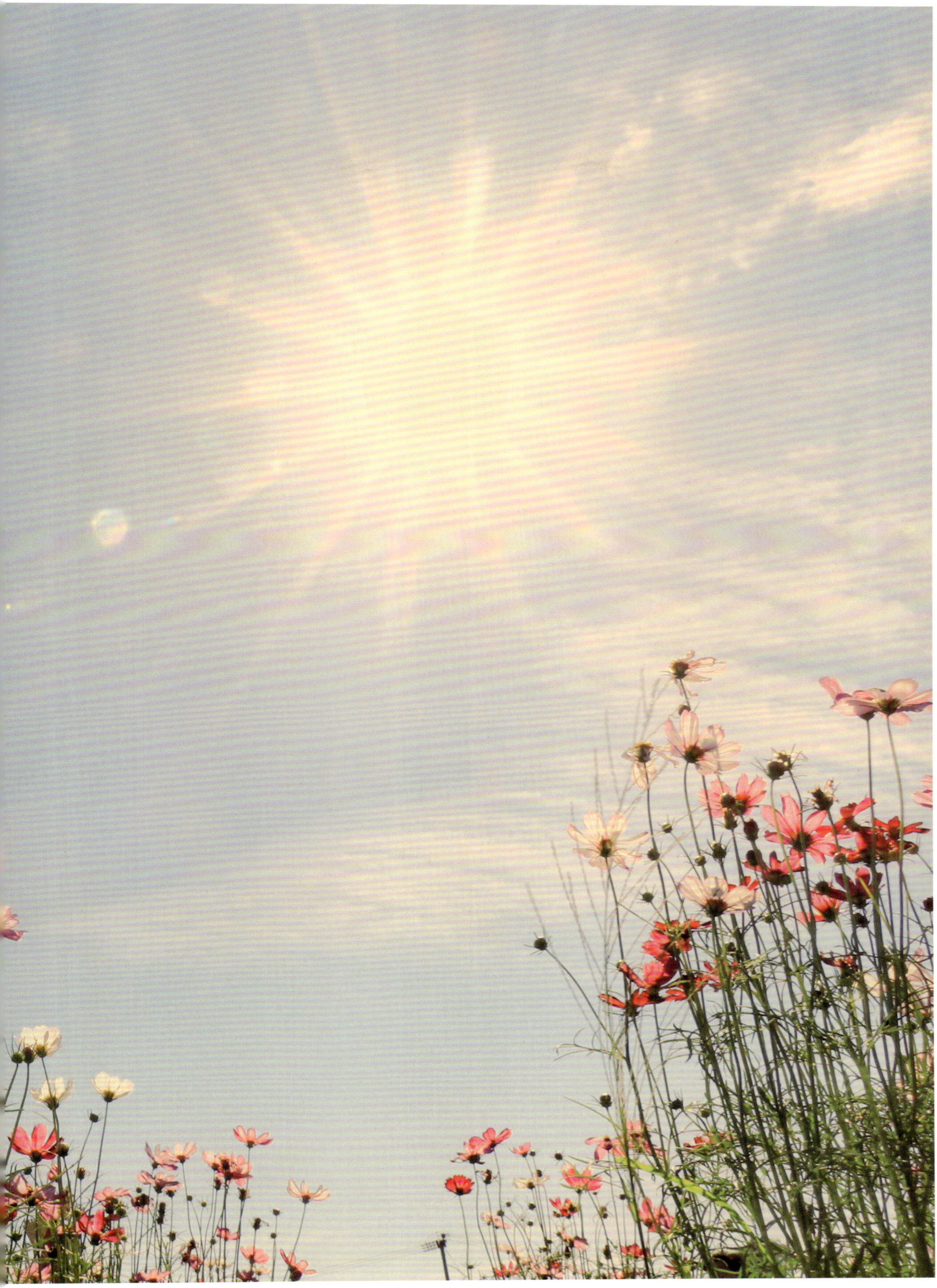

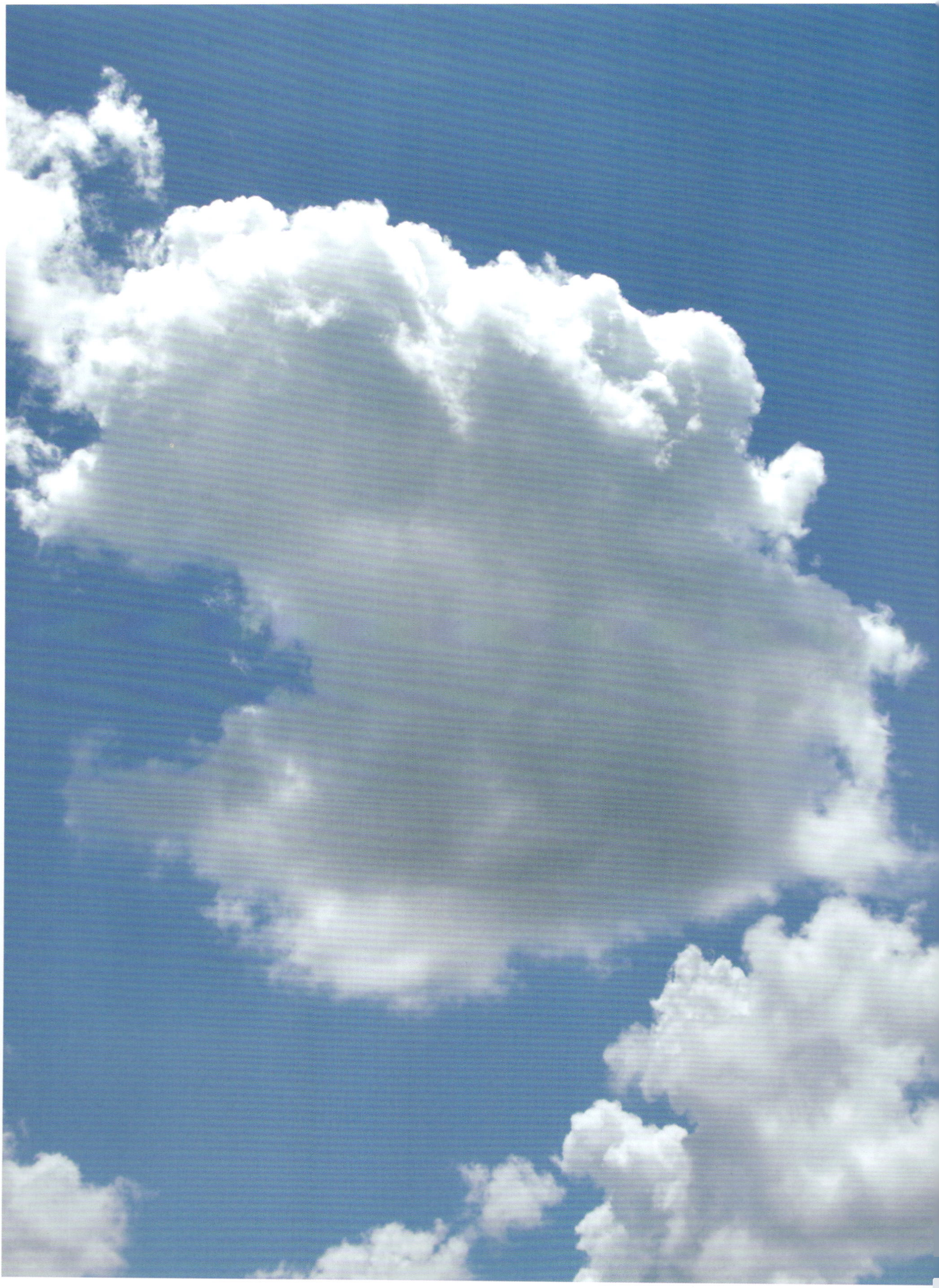

Sommer, Sonne, Häkeltops!

Wir sind die vier Designerinnen Anna-Lena, Claudia, Nadine und Sophie. Vielleicht kennt ihr ja die eine oder andere von uns von Instagram, Etsy oder Ravelry. In unseren Steckbriefen verraten wir euch mehr über uns und wie wir zum Häkeln gekommen sind. Jede von uns hat ihre Geschichten zum Hobby und ihren eigenen Modestil. Ein Buch zu schreiben war für unsere bunt zusammengewürfelte Gruppe eine neue und spannende Erfahrung. Am meisten sind wir darauf gespannt, eure fertigen Kreationen online zu sehen. Schreibt uns gerne über Instagram oder verlinkt uns in euren Posts!

Was unser gemeinsamer Nenner ist? Häkeln ist für uns nicht nur ein Hobby, sondern eine Leidenschaft. Es entspannt und macht einfach Spaß. In diesem Buch zeigen wir euch unsere liebsten stylischen Sommertops zum Nachhäkeln. Die luftigen Teile liegen leicht auf der Haut und werden bei hohen Temperaturen zu spannenden Fashion-Statements. Da ist garantiert für jeden Geschmack etwas dabei!

Unsere Anleitungen nehmen euch an die Hand und führen euch Schritt für Schritt von der Wolle bis zum fertigen Top, sodass ihr nie den Überblick verliert. Mit unseren persönlichen Tipps und Tricks fällt euch das Ganze kinderleicht, versprochen!

Wir hoffen, dass ihr aus diesem Buch Inspiration für viele neue Projekte gewinnen könnt!

Viel Spaß beim Häkeln!
Eure Anna-Lena, Claudia, Nadine & Sophie

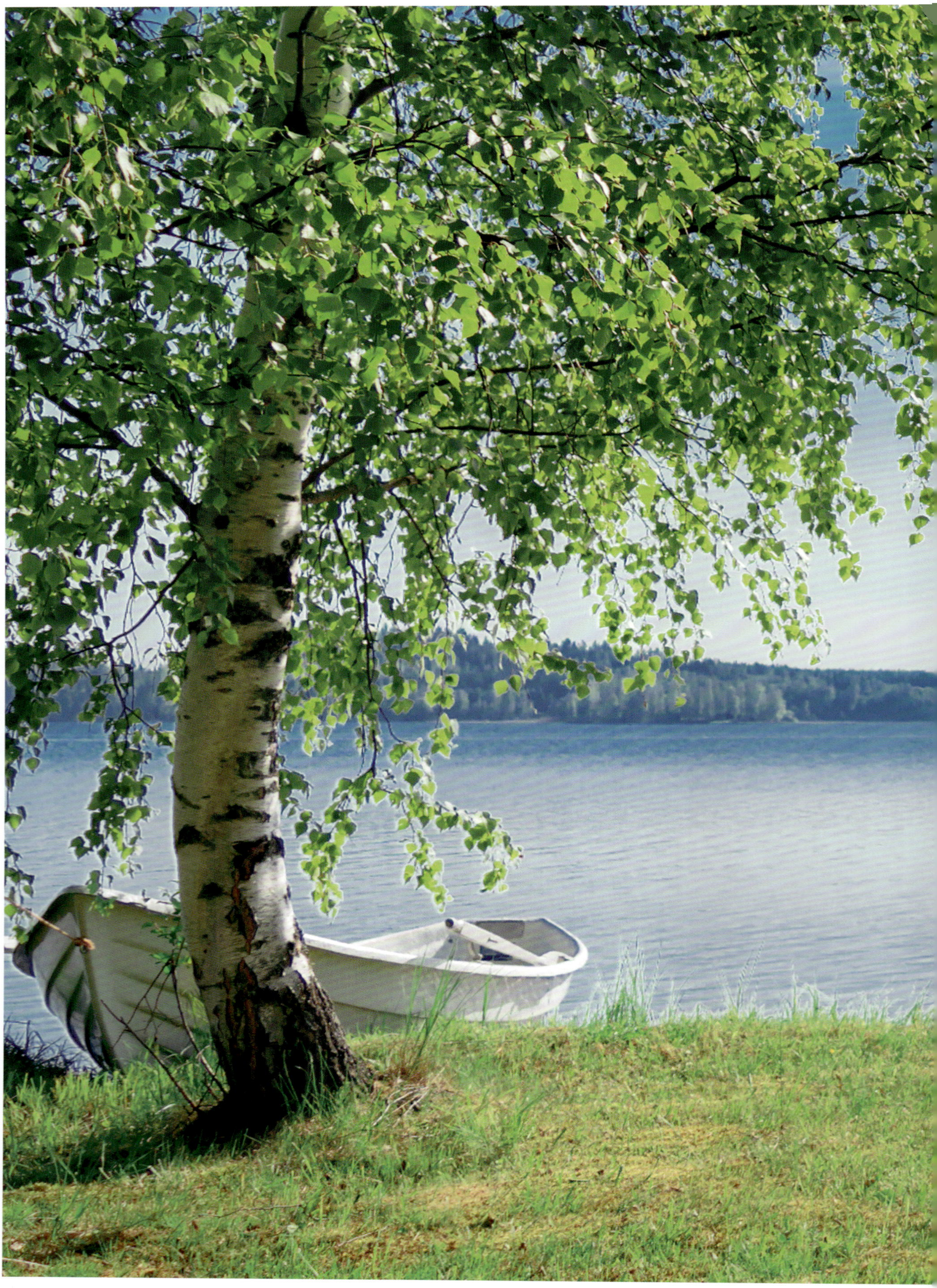

PROJEKTE

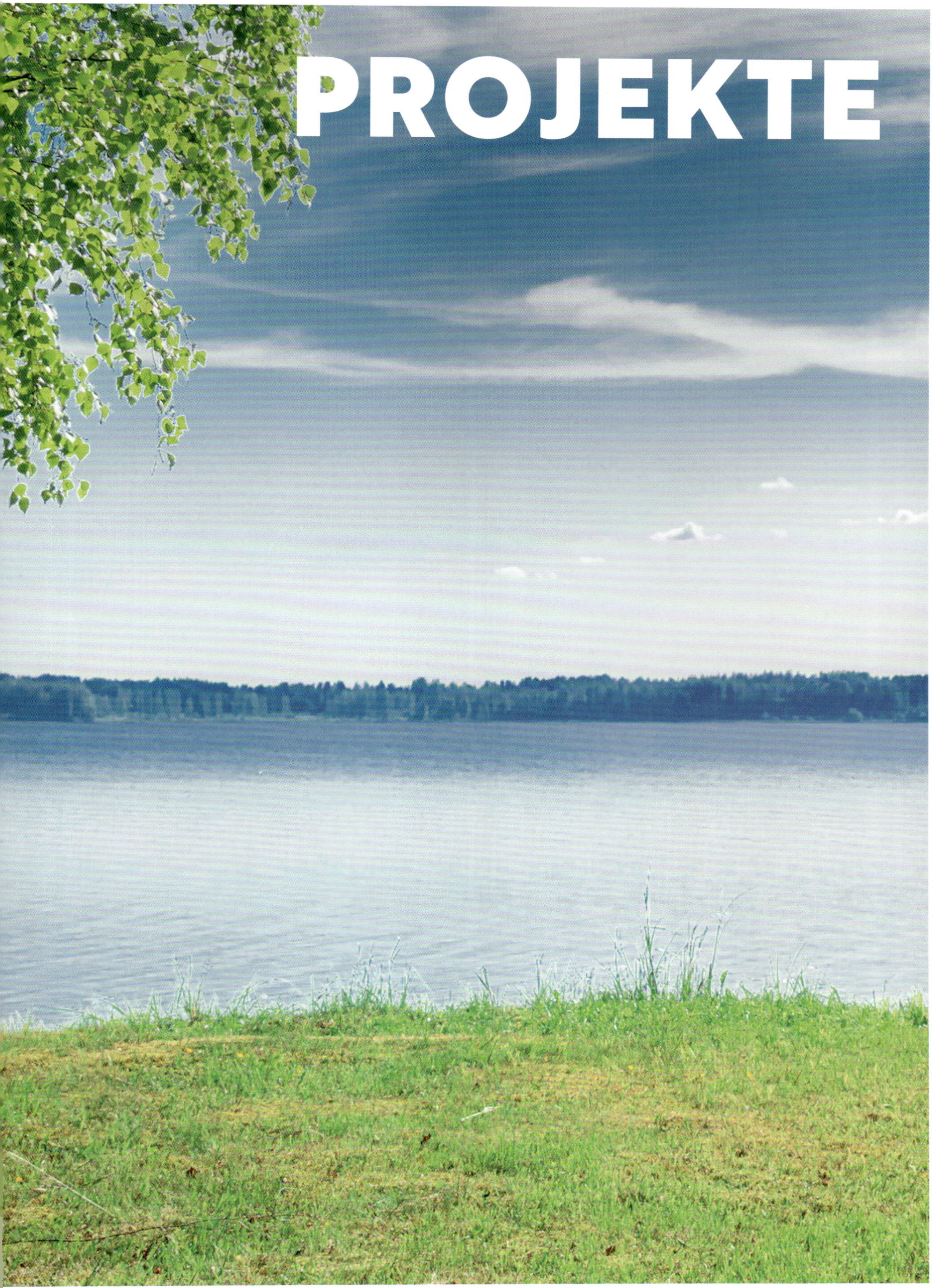

Sophie

Meine Lieblingsmodelle:

Vanessa · Gina · Luise · Helena

Ich bin Sophie, 27 Jahre alt und arbeite als Hebamme. Ich bin Halb-Ungarin und bin in Budapest aufgewachsen. Neben dem Häkeln verbringe ich gerne Zeit mit meiner Familie und meinen Freunden oder mit meinem Kater Einstein. Ich reise gerne, liebe es zu essen und zu tanzen, Kaffee zu trinken und zu träumen. Ich habe Spaß an Fotografie, Mode, Musik, Flohmärkten und Second-Hand-Shops.

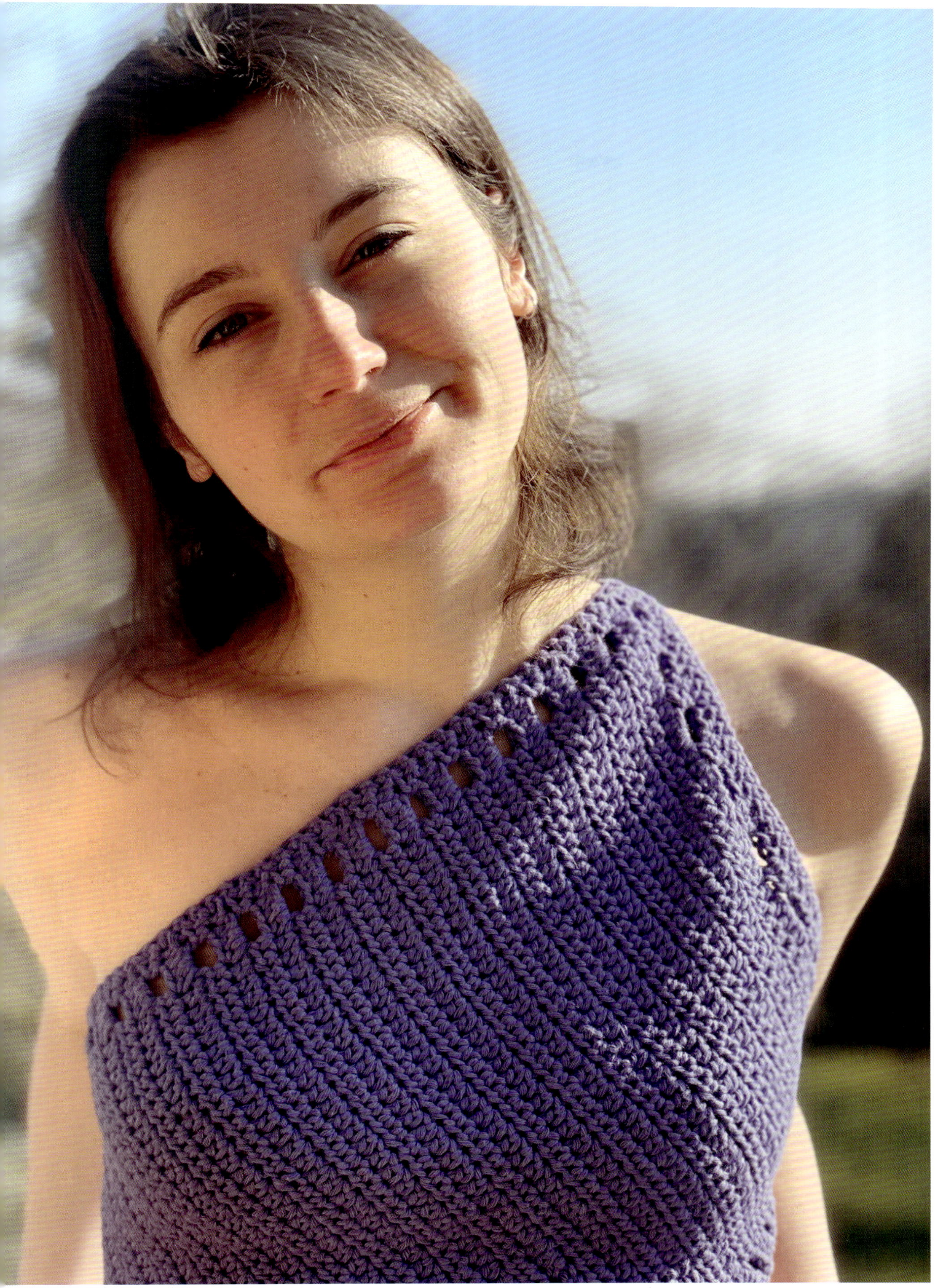

Wann und wie hast du häkeln gelernt?

Ich habe schon immer gerne Sachen selbstgemacht und als Kind hat mir meine Mama die Grundlagen des Häkelns beigebracht. Später habe ich kompliziertere Techniken dann durch Tutorials im Internet gelernt.

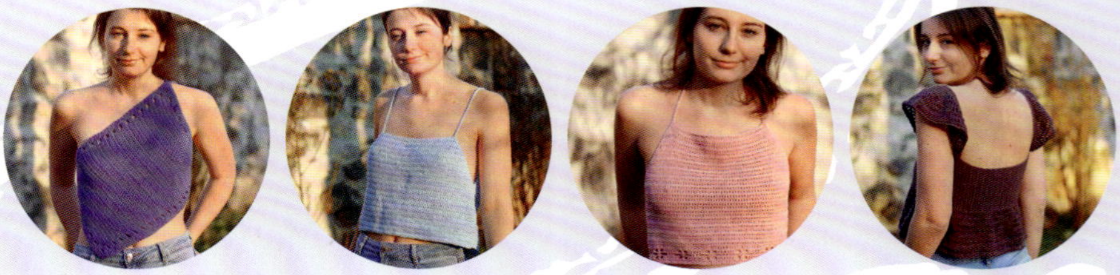

Warum hast du diese vier Tops ausgewählt?

Ich habe die Tops gewählt, weil sie zu meinen liebsten Projekten gehören. Es macht Spaß, sie zu häkeln und sie sind alle auf ihre eigene Art verspielt und besonders.

Welches Styling passt am besten zu deinen Tops?

» Das Großartige an selbstgehäkelten Tops ist, dass sie sehr individuell angepasst werden können. Sie können in den unterschiedlichsten Farben, einfarbig oder kunterbunt sein. Sie können der Star des Outfits sein und mit Basics wie Jeans, aber auch mit ausgefalleneren Teilen kombiniert werden. «

Welches war bisher dein Lieblings-Häkelprojekt?

Mein Lieblings-Häkelprojekt war eine Strickjacke mit Popcorn-Ärmeln, die ich für meine beste Freundin zum Geburtstag gehäkelt habe.

An welchem Ort und zu welcher Zeit häkelst du am liebsten?

Am liebsten abends gemütlich auf dem Sofa mit einem Glas Wein und einer guten TV-Serie.

Was hat dich dazu gebracht, deine Häkelprojekte öffentlich zu zeigen?

Ich habe lange Zeit die Kreationen von Anderen auf Instagram bewundert und mir dann gedacht, dass es mir auch Spaß machen würde, meine Projekte zu zeigen.

Gibt es in deiner Familie oder deinem Freundeskreis noch mehr Häkelfreunde?

Leider nicht so viele, aber eine Freundin und ich treffen uns regelmäßig zum Häkeln und Quatschen.

Welches (Groß-)Projekt willst du irgendwann in der Zukunft mal umsetzen?

Ich würde gerne einen Mantel oder ein Sommerkleid häkeln.

Gibt es einen Fun-Fact über dich?

Seit einem Jahr benutze ich für meine Projekte ausschließlich Wolle, die ich secondhand erstanden habe, und ich liebe es. Man kann so viel qualitativ hochwertige Wolle günstig erstehen und sie gibt den Projekten immer etwas ganz Besonderes.

Vanessa

Asymmetrisches Top mit Cutouts

SCHWIERIGKEITSGRAD

✱✱✱

GRÖSSE

34/36, 38/40 und 42/44

Die Angaben für die größeren Größen stehen in Klammern. Steht nur eine Angabe, so gilt diese für alle Größen.

HINWEIS

Sophies Tops orientieren sich an den folgenden Brustumfängen:

XS/ 34: *71 – 76 cm*
S/ 36: *81 – 86 cm*
M/ 38: *91,5 – 96,5 cm*
L /40: *101,5 – 106,5 cm*
XL/42: *111,5 – 117 cm*
XXL/44: *122 – 127 cm*

MATERIAL

Paris von Drops (100% Baumwolle), 150 (200, 250) g in beliebiger Farbe

Häkelnadel (4,5 mm)

Maschenmarkierer

Vernähnadel

MASCHENPROBE

Halbe Stäbchen mit Häkelnadel 4,5mm: 13 M x 10 R

MUSTER

HStb. Jede R mit 1 Wendeluftmasche beginnen.

SO WIRD'S GEMACHT

Zuerst wird ein Rechteck gehäkelt, danach eine Umrandung zusammen mit der Schnürung gearbeitet.

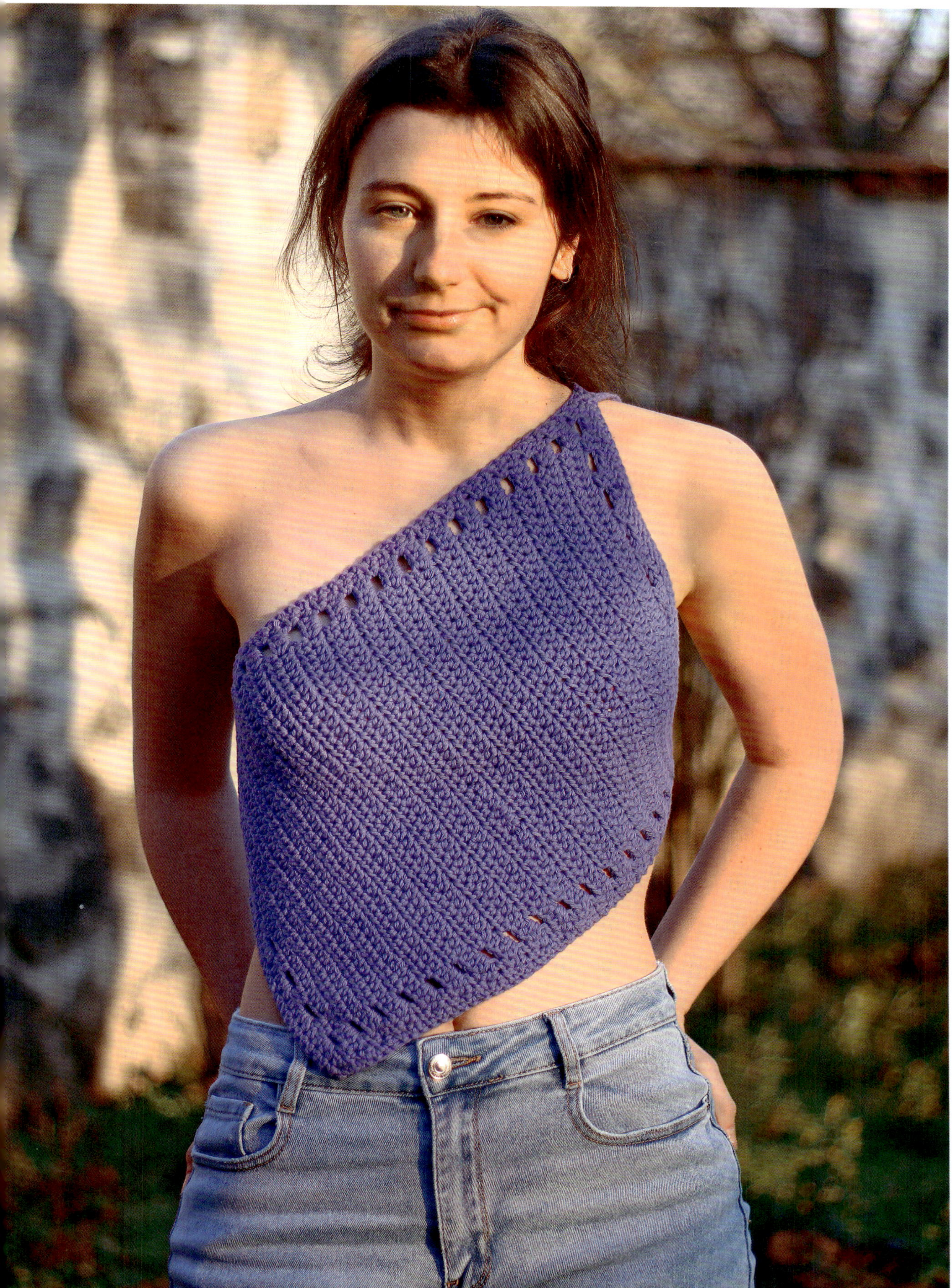

Rechteck: 42 (50, 62) LM und 1 Wendeluftmasche anschlagen.

1. R: HStb (= insgesamt 42 (50, 62) M). Eine Wendeluftmasche häkeln und die Arbeit wenden.

2. R: In die ersten 2 M jeweils 1 HStb häkeln, dann *2 LM, 2 M überspringen und in die folgenden 2 M jeweils 1 HStb arbeiten*. Von * -* wiederholen, bis das Ende der R erreicht ist. Die R endet auf 2 HStb. Wendeluftmasche häkeln und die Arbeit wenden.

3. R: In jede M HStb arbeiten, in die Löcher der vorherigen Reihe jeweils 2 HStb häkeln (= insgesamt 42 (50, 62) M). Wendeluftmasche häkeln und die Arbeit wenden.

4. R: In die ersten 2 M jeweils 1 HStb arbeiten, 2 LM, 2 M überspringen und in die folgenden M jeweils 1 HStb arbeiten, bis nur noch 4 M in der R übrig sind. 2 LM und jeweils 1 HStb in die letzten 2 M häkeln. Wendeluftmasche häkeln und die Arbeit wenden.

3. und 4. Reihe wiederholen, bis insgesamt 41 (51, 61) R gehäkelt sind.

42. R (52. R, 62. R) wird wie 2. R gearbeitet und 43. R (53. R, 63. R) wird wie 3. R gearbeitet.

Das Rechteck ist nun fertig ***(1)***, der Faden wird nicht abgeschnitten, da die Umrandung mit den Schnüren direkt im Anschluss gehäkelt wird.

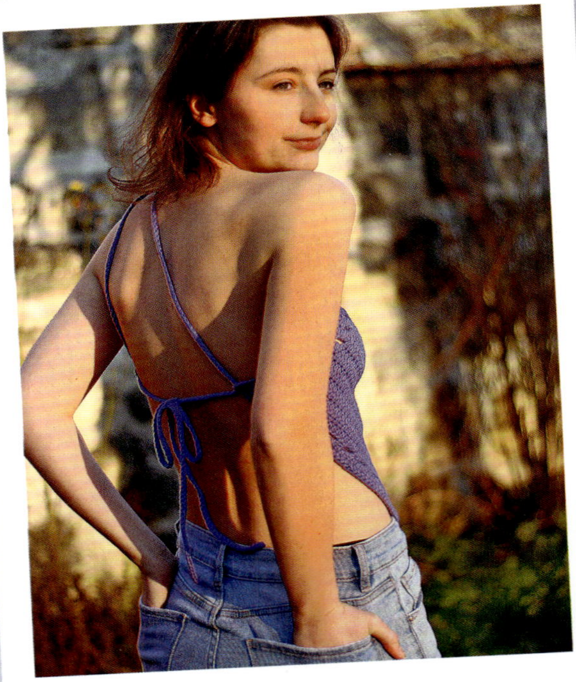

UMRANDUNG

Die Umrandung startet mit einer LM, die Arbeit wird gewendet und in jede folgende M der kurzen Seite des Rechtecks wird eine fM gearbeitet (=insgesamt 42 (50, 62 M), dabei die erste fM mit einem Maschenmarkierer versehen. Am Ende der R 1 LM und 1 fM in die letzte M häkeln. In die LM einen Maschenmarkierer setzen. ***(2)***

Die Arbeit nun nicht wenden, sondern entlang der längeren Seite fM häkeln.

Tipp: Die fM immer in 2 Fäden arbeiten, damit das Top stabiler wird.

Ist die nächste Ecke erreicht, 141 (161, 181) LM häkeln und ab der 2. M von der Häkelnadel aus 140 (160, 180) KM in das hintere Maschenglied (Backridge) ***(3)*** arbeiten.

Ist die erste Schnur fertiggestellt, wird eine weitere fM in die gleiche M gearbeitet, in der die letzte fM gehäkelt wurde.

141 (161, 181) LM häkeln und 140 (160, 180) KM für die 2. Schnur arbeiten ***(4)***. In jede M der kurzen Seite des Rechtecks wird eine fM gearbeitet (=insgesamt 42 (50, 62 M).

Am Ende der R 1 LM und 1 fM in die letzte M häkeln. In die LM einen Maschenmarkierer setzen.

Entlang der anderen langen Seite fM arbeiten. Um die Umrandung abzuschließen, wird 1 fM in die M der 1. fM der Umrandung gearbeitet (mit Maschenmarkierer versehen). ***(5)***

1 KM in die 1. fM der Umrandung häkeln, Faden abschneiden und durch die M auf der Nadel zeihen.

Die Enden vernähen und die Schnüre durch die markierten LM fädeln.

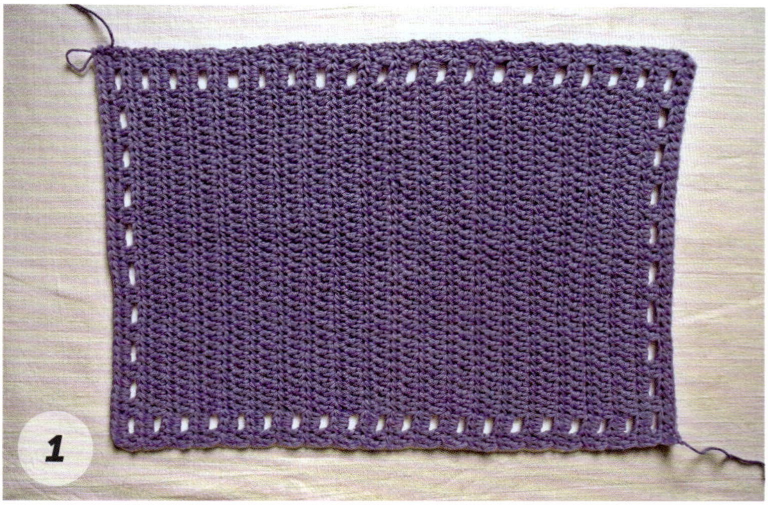

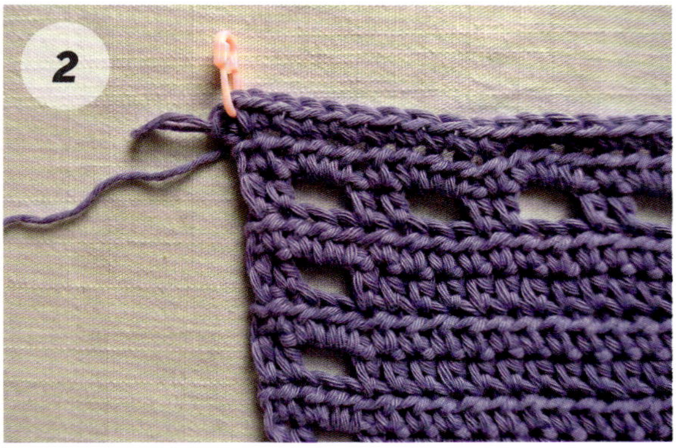

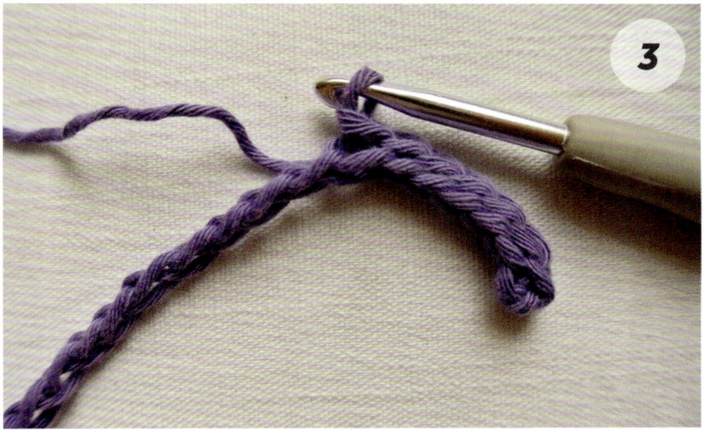

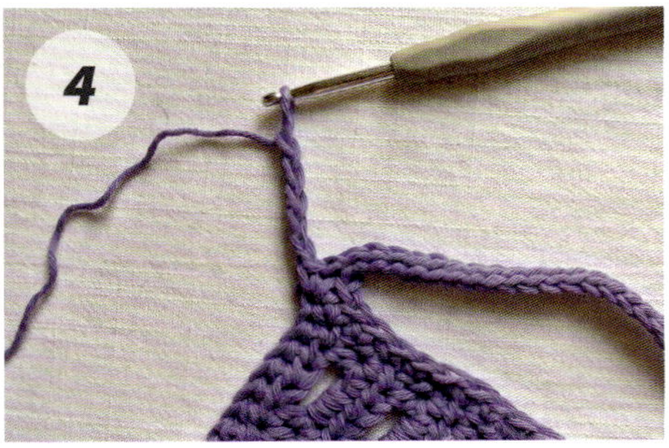

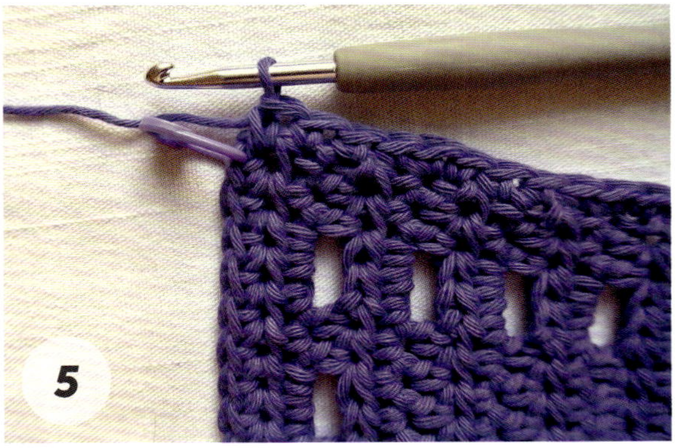

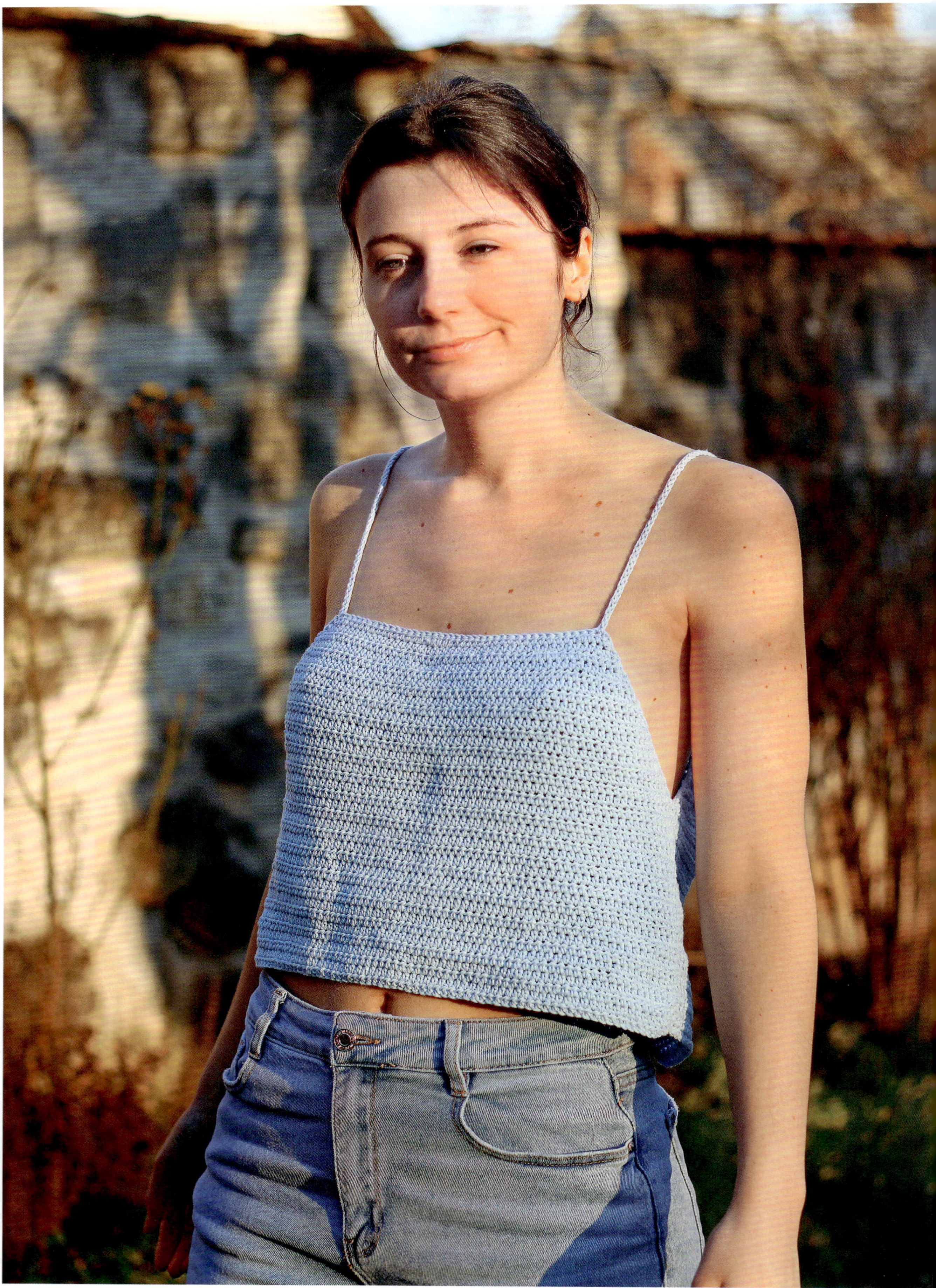

Gina

Häkeltop mit offener Rückenpartie

SCHWIERIGKEITSGRAD

*✱✱

GRÖSSE

34/36, 38/40 und 42/44

Die Angaben für die größeren Größen stehen in Klammern. Steht nur eine Angabe, so gilt diese für die anderen Größen.

MATERIAL

Drops Loves You #9 von Drops (100% Baumwolle), 200 (250, 300) g

Häkelnadel (3 mm)

Maschenmarkierer

Vernähnadel

MASCHENPROBE

Halbe Stäbchen mit Häkelnadel 3 mm:
17 M x 14 R

MUSTER

HStb. Jede R mit 1 Wendeluftmasche beginnen.

SO WIRD'S GEMACHT:

Erst wird das Vorderteil, dann werden die beiden Rückenteile gearbeitet und an den Seiten zusammengenäht. Zum Schluss wird die obere Naht der beiden Rückenteile zusammen mit den Trägern gehäkelt.

Vorderteil: 72 (82, 92) LM und 1 Wendeluftmasche anschlagen.

1. – 22. R (1. – 23 R, 1. – 24 R) HStb arbeiten.

23. – 37. R (24. – 39. R, 25. – 41. R) HStb arbeiten, hierbei jeweils die ersten und die letzten 2 M zusammenhäkeln, sodass am Schluss 42 (50, 58) M übrigbleiben.

Faden abschneiden und durch die M auf der Häkelnadel ziehen.

Rückenteil (2 x): 20 (27, 34) LM und eine Wendeluftmasche anschlagen.

1. R: In die 2. M von der Häkelnadel aus gesehen 2 HStb arbeiten, dann HStb arbeiten (= insgesamt 21 (28, 35) M). 1 Wendeluftmasche häkeln und die Arbeit wenden.

2. R: HStb arbeiten, in die letzte M 2 HStb häkeln (= insgesamt 22 (29, 36) M).

1. und 2. R wiederholen, bis insgesamt 22 (23, 24) R gehäkelt sind. Die letzte Reihe besteht aus insgesamt 42 (50, 58) M.

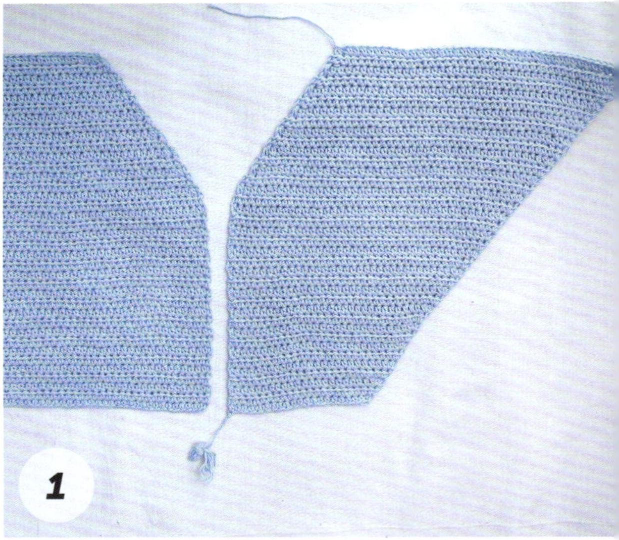

1

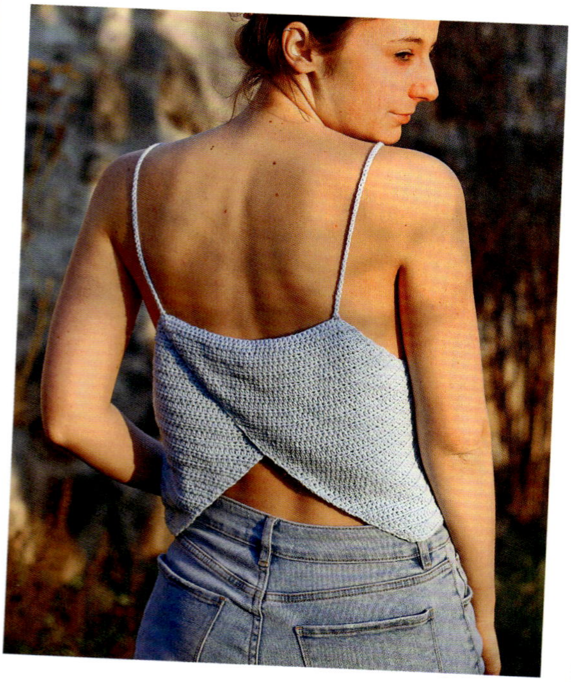

22. – 37. R (23. – 39. R, 24. – 41. R): HStb arbeiten, die ersten 2 M zusammenhäkeln, in die letzte M 2 HStb häkeln. Jede Reihe besteht aus insgesamt 42 (50, 58) M., die abwechselnd mit Abnahmen oder Zunahmen starten. Faden nicht abschneiden.

Das zweite Rückenteil gleich arbeiten.

Nun an beiden geraden Kanten des Vorderteils jeweils ein Rückenteil annähen; die Naht sollte dabei von der untersten Reihe bis zur 22. R (23. R, 24. R) reichen. ***(1)***

Dann das Top zusammenfalten, sodass die beiden Rückenteile überlappen. Entlang der oberen Kante der Rückenteile mit dem verbliebenen Faden 42 (50, 58) fM arbeiten, um die beiden Rückenteile miteinander zu verbinden ***(2)***, dabei die erste FM mit einem Maschenmarkierer versehen.

Träger: Am Ende der Reihe angekommen, 1 LM häkeln und entlang der Armöffnung KM arbeiten, bis die Ecke des Vorderteils erreicht ist.

In die erste M der oberen Kante des Vorderteils 1 KM arbeiten, dann 56 (61, 67) LM für den ersten Träger häkeln und rückläufig ab der 2. M von der Häkelnadel aus gesehen

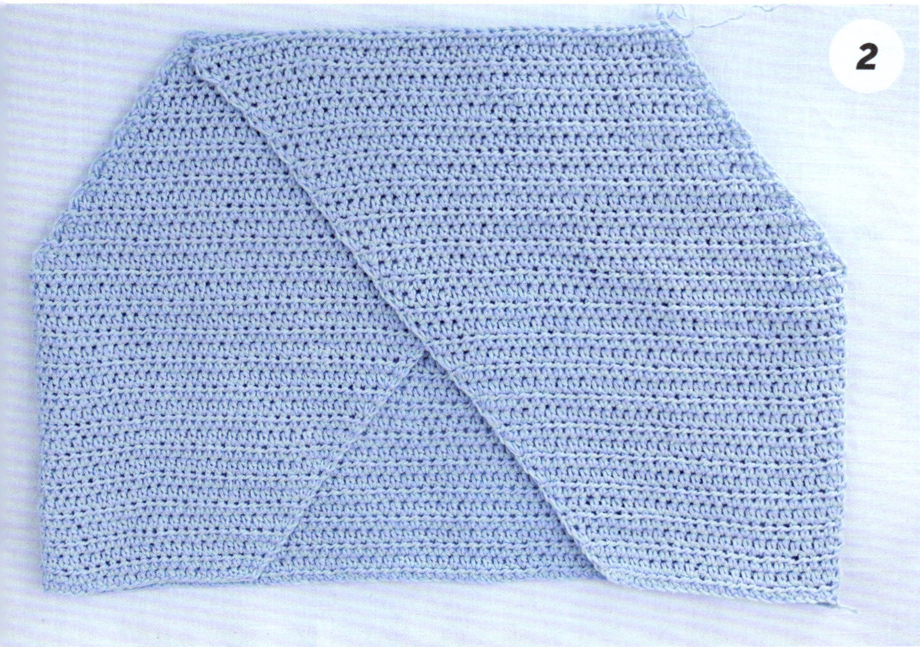

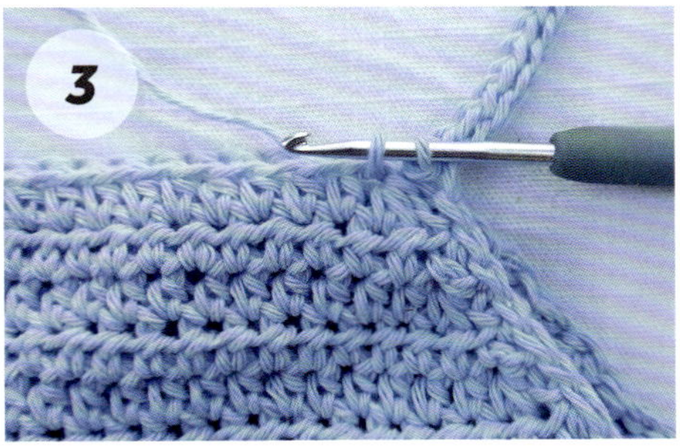

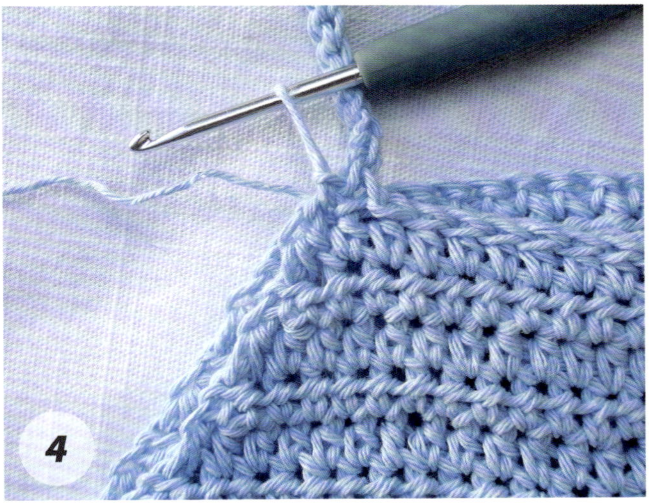

jeweils 1 KM in das hintere Maschenglied (Backridge) häkeln (= insgesamt 55 (60, 65) M).

Der Träger wird nun mit einer KM in der nächsten M der oberen Kante des Vorderteils befestigt. ***(3)***

Entlang der oberen Kante werden weiter LM gehäkelt. Die letzte LM wird übriggelassen.

Für den zweiten Träger erneut 56 (61, 67) Lm häkeln und rückläufig ab der 2. M von der Häkelnadel aus gesehen jeweils 1 KM in das hintere Maschenglied (Backridge) häkeln (= insgesamt 55 (60, 65) M).

Den zweiten Träger mit einer KM in die letzte M an der oberen Kante des Vorderteils befestigen. ***(4)***

Entlang der zweiten Armöffnung KM arbeiten, bis der Maschenmarkierer wieder erreicht ist.

Mit einer KM in die markierte M die Arbeit abschließen, den Faden abschneiden und durch die M auf der Häkelnadel ziehen.

Das Top anprobieren und die Träger auf der gewünschten Höhe an die oberen Ecken des Rückenteils nähen. Fadenenden vernähen.

Luise

Neckholder mit Blumenmuster

SCHWIERIGKEITSGRAD

✷✷✷

GRÖSSE

34/36, 38/40 und 42/44

Die Angaben für die größeren Größen stehen in Klammern. Steht nur eine Angabe, so gilt diese für alle Größen.

MATERIAL

Safran von Drops (100% Baumwolle), 100 (150, 200) g in beliebiger Farbe

Häkelnadel (2,5 mm)

Maschenmarkierer

Vernähnadel

MASCHENPROBE

Stäbchen mit Häkelnadel 2,5 mm: 21 M x 11,5 R

MUSTER

Stb und Häkelschrift. Jede R mit 2 Wendeluftmaschen beginnen.

SO WIRD'S GEMACHT

Das Neckholdertop wird im Ganzen von unten nach oben gearbeitet. Entlang der oberen Kante des Tops wird eine Umrandung gehäkelt, dann wird das Top im Rücken geschlossen.

145 (169, 193) LM und 2 Wendeluftmaschen anschlagen.

1. R: Ab der 3. M von der Häkelnadel aus gesehen in Stb arbeiten (= insgesamt 145 (169, 193) M).

2. – 4. R: Nach der Häkelschrift häkeln.

2. R: 1 Stb, dann *3 Stb in die nächsten 3 M arbeiten, 2 LM, 2 M überspringen, 1 Stb in die nächste M arbeiten, 2 LM, 2 M überspringen, 4 Stb in die folgenden 4 M arbeiten*. Von * – * wiederholen, bis das Ende der R erreicht ist (= insgesamt 12 (14, 16) -mal).

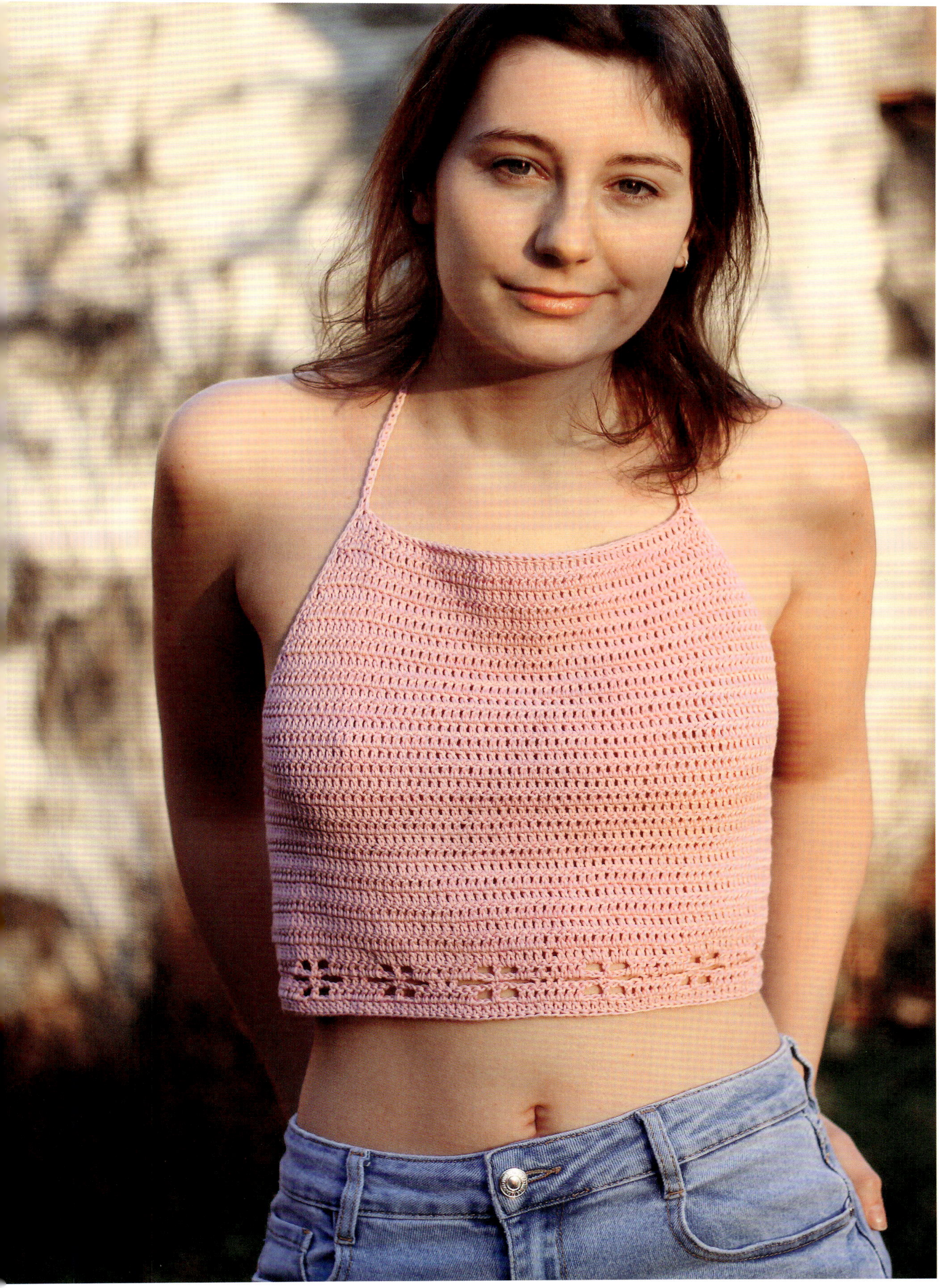

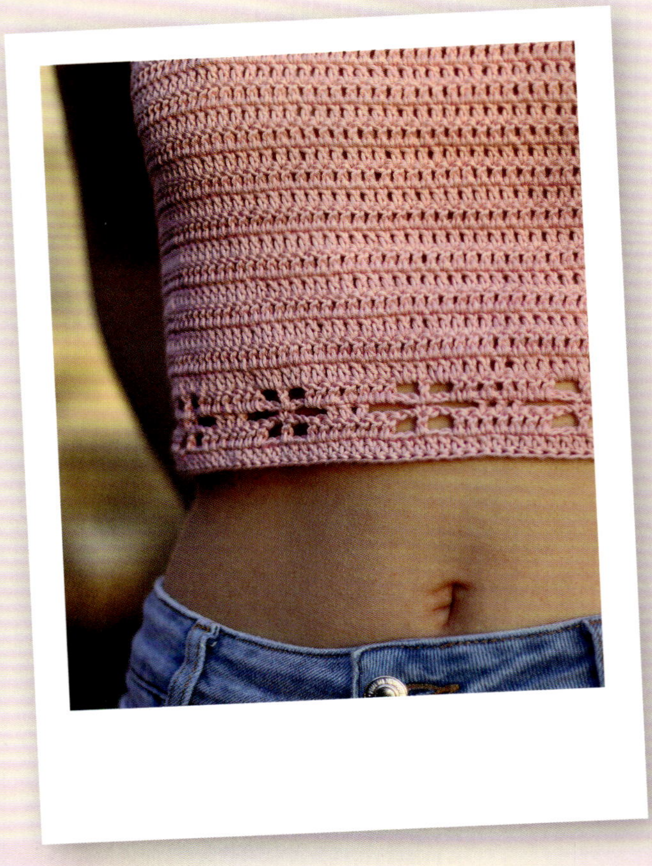

2 Wendeluftmaschen häkeln und die Arbeit wenden.

3. R.: 1 Stb, dann * 1 Stb, 4 LM, 4 M überspringen, 1 fM in das freistehende Stb der vorherigen R arbeiten, 4 LM, 4 M überspringen, 2 Stb in die folgenden 2 M arbeiten*. Von * – * wiederholen, bis das Ende der R erreicht ist (= insgesamt 12 (14, 16) mal). 2 Wendeluftmaschen häkeln und die Arbeit wenden.

4. R: 1 Stb, dann *1 Stb, 2 Stb um die LM der vorherigen R arbeiten, 2 LM und das nächste Stb in die fM der vorherigen R arbeiten, 2 LM und 2 Stb um die LM der vorherigen R häkeln, 2 Stb in die folgenden 2 M arbeiten*. Von * – * wiederholen, bis das Ende der R erreicht ist (= insgesamt 12 (14, 16) -mal). 2 Wendeluftmaschen häkeln und die Arbeit wenden.

5. R: Diese R wird in Stb gearbeitet. Dabei 2 Stb um die LM der vorherigen R arbeiten und in die weiteren M jeweils 1 Stb arbeiten (= 145 (169, 193) M). 2 Wendeluftmaschen häkeln und die Arbeit wenden.

Die folgenden 11 (12, 13) R in Stb arbeiten.

Nach 16 (17, 18) R Faden abschneiden, durch die M auf der Häkelnadel ziehen und die Arbeit wenden.

Die 34. (40., 43.) M und die 112. (130., 151.) M der letzten R in Arbeitsrichtung gesehen mit jeweils einem Maschenmarkierer versehen.

Den Faden an der 1. markierten M befestigen, 2 Wendeluftmaschen häkeln und die markierte M und die folgende M mit einem Stb zusammenhäkeln. Stb häkeln, bis die M vor dem 2. Maschenmarkierer erreicht ist. Diese M und die markierte M mit einem Stb zusammenhäkeln, (= insgesamt 77 (89, 107) M. 2 Wendeluftmaschen häkeln und die Arbeit wenden.

Die folgenden R werden mit Stb gearbeitet, hierbei jeweils die ersten und die letzten beiden M zusammenhäkeln. Nach 32 (34, 36) R bleiben 47 (57, 73) M. Den Faden abschneiden und durch die M auf der Häkelnadel ziehen.

Den Faden an der oberen Ecke des Bauchteils befestigen und entlang der Kante KM arbeiten, bis das Brustteil erreicht ist (= insgesamt 33 (39, 42) M).

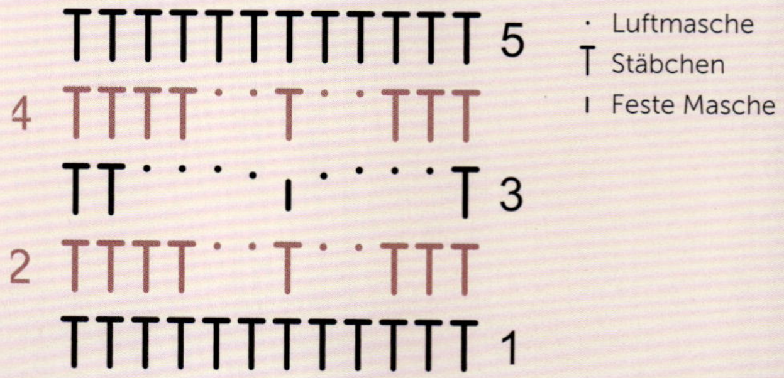

In die nächste M, in der zuvor das Brustteil gestartet wurde, wird ebenfalls eine KM gearbeitet ***(1)*** und dann entlang der schrägen Seite des Brustteils ebenfalls KM arbeiten, bis die obere Ecke erreicht ist. Die KM dabei nicht zu fest häkeln, damit sich das Top nicht kräuselt.

In der oberen Ecke angekommen, wird in die 1. M der oberen Kante eine KM gearbeitet ***(2)***. Dann für den 1. Träger 120 (130, 140) LM häkeln und rückläufig in das 3. Maschenglied ***(3)*** FM arbeiten, bis das Top wieder erreicht ist (= insgesamt 119 (129, 139) M).

Entlang der oberen Kante des Tops KM arbeiten ***(4)***, bis die vorletzte M der oberen Kante erreicht ist. Hier nun erneut 120 (130, 140) LM für den 2. Träger häkeln und rückläufig 119 (129, 139) FM arbeiten. Eine KM in die letzte M der oberen Kante arbeiten ***(5)***, um den Träger zu befestigen. Entlang der Reihen des Brustteils weitere KM arbeiten, bis das Bauchteil wieder erreicht ist.

Eine KM an den Übergang von Brust- zu Bauchteil arbeiten und entlang der oberen Bauchteilkante KM arbeiten, bis die Ecke erreicht ist.

Den Faden auf 45 cm Länge abschneiden. Die beiden Seiten nun zusammenbringen und mit dem Fadenende von oben nach unten zusammennähen. Enden vernähen.

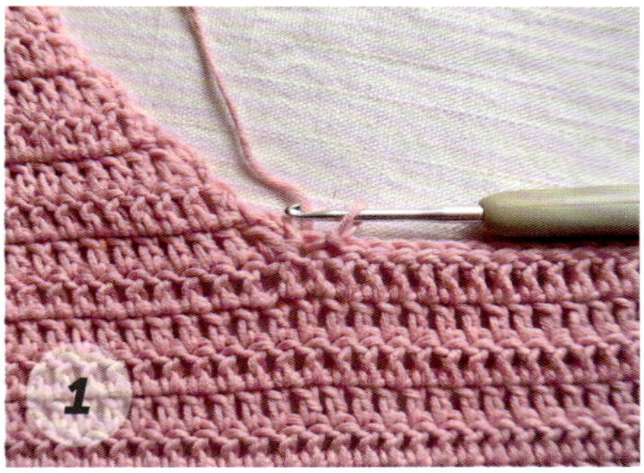

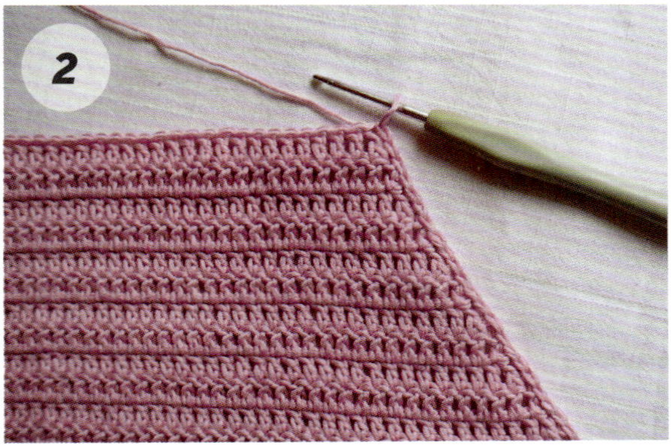

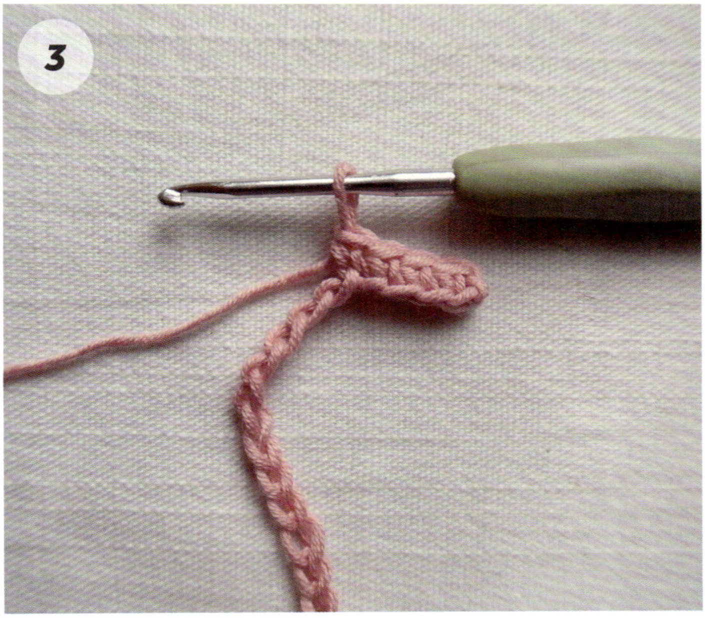

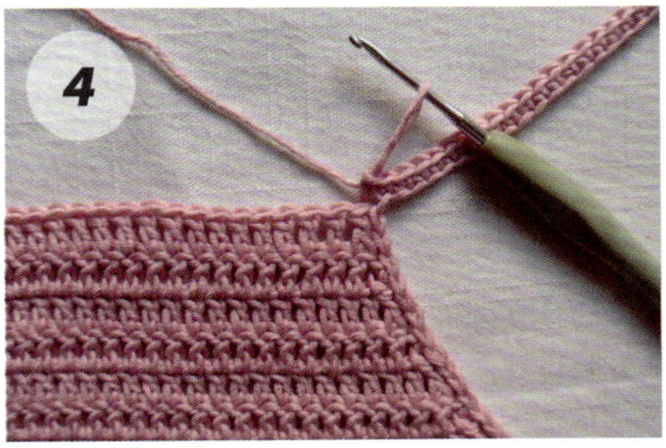

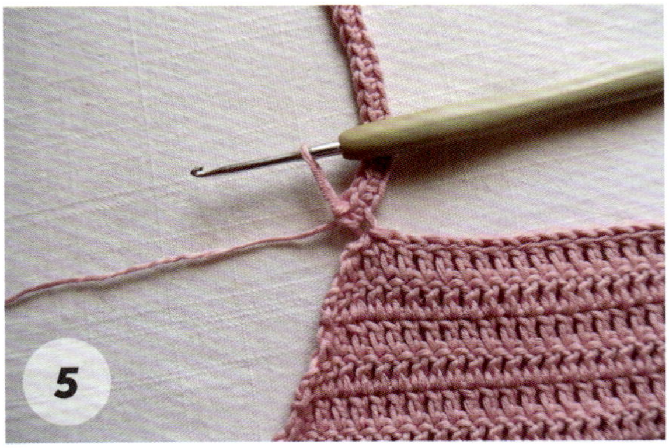

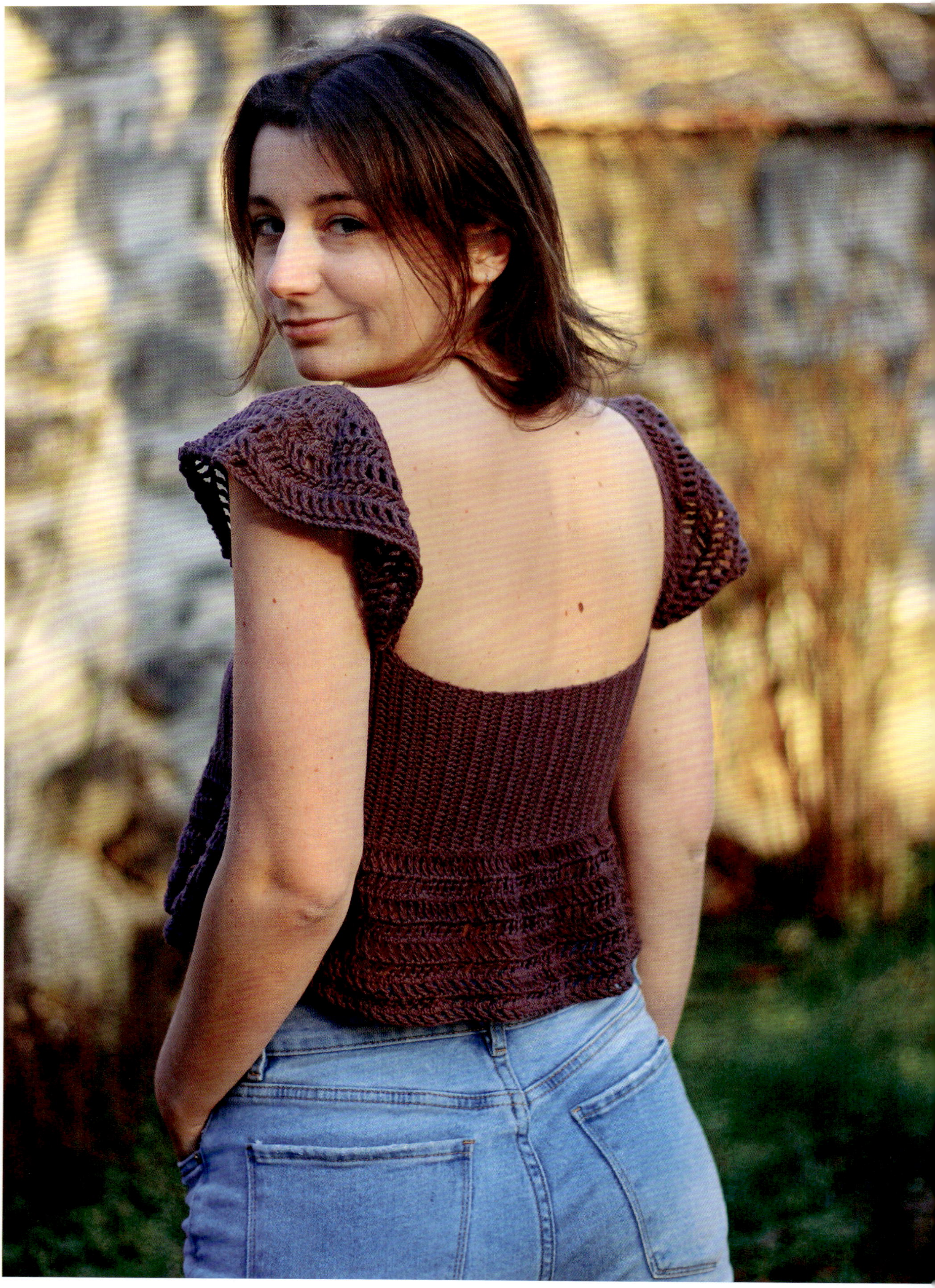

Helena

Romantisches Top mit Schleifendetail

SCHWIERIGKEITSGRAD

✷✷✷

GRÖSSE

34/36, 38/40 und 42/44

Die Angaben für die größeren Größen stehen in Klammern. Steht nur eine Angabe, so gilt diese für alle Größen.

MATERIAL

Safran von Drops (100% Baumwolle); 200 (250, 300) g in beliebiger Farbe

Häkelnadel (2,5 mm)

Maschenmarkierer

Vernähnadel

MASCHENPROBE

Stäbchen mit Häkelnadel 2,5 mm: 21 M x 15 R

MUSTER

HStb und DStb, jede R mit 1 Wendeluftmasche beginnen.

SO WIRD'S GEMACHT

Erst wird das Bustierteil mit Schleife und Trägern gearbeitet, dann das Schößchen mit DStb angefügt. Zum Schluss werden die Ärmel direkt an das Top gehäkelt.

Bustier: 18 (20, 22) LM und 1 Wendeluftmasche anschlagen.

1. R: In die 1. M 2 HStb und in jede weitere M jeweils 1 HStb arbeiten (= insgesamt 19 (21, 23) M). 1 Wendeluftmasche häkeln und die Arbeit wenden.

2. R: In jede M ein HStb und in die letzte M der R. 2 HStb arbeiten (= insgesamt 20 (22, 24) M).

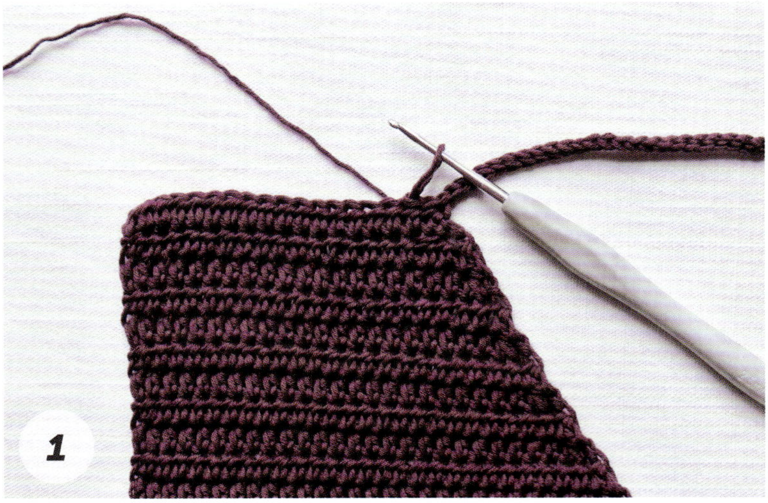

1

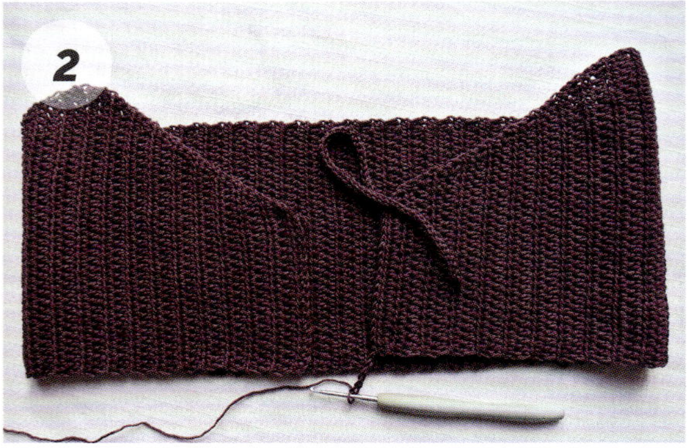

2

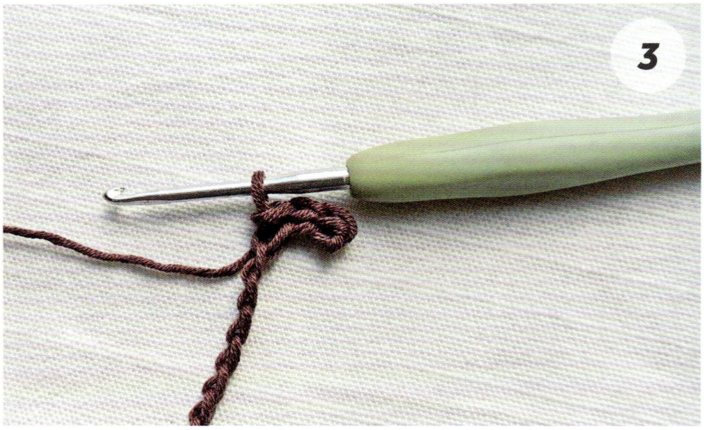

3

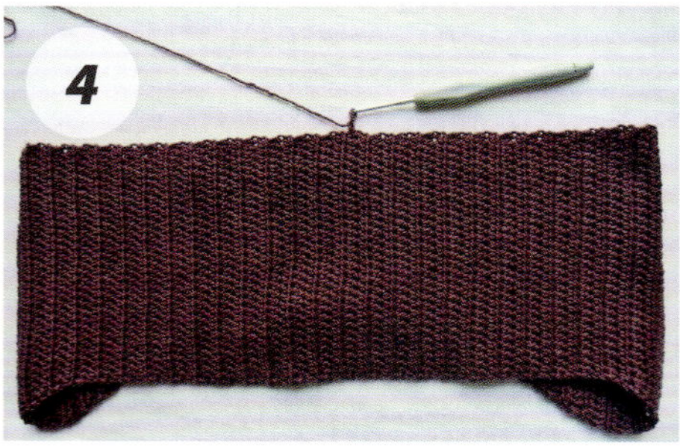

4

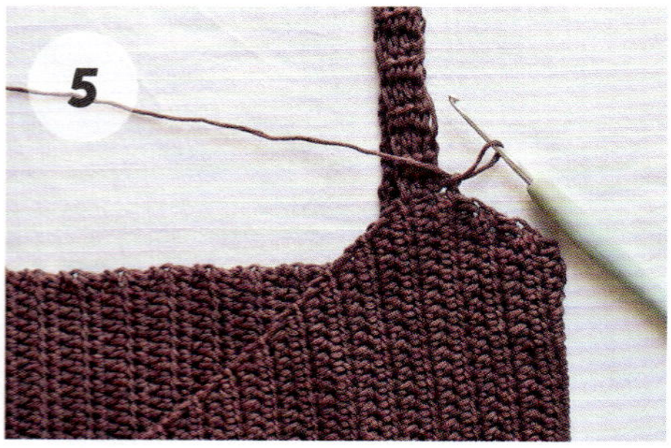

5

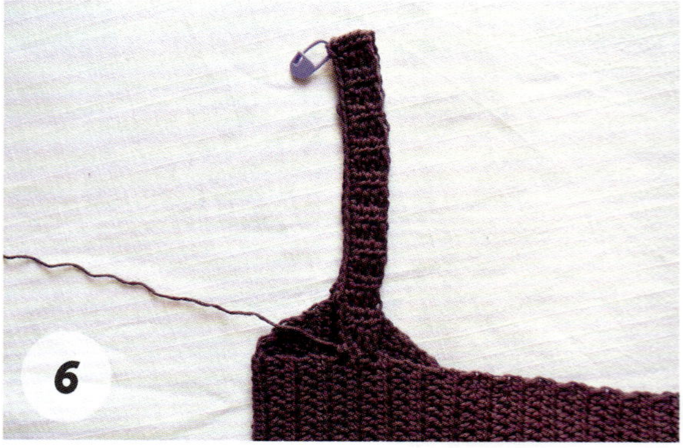

6

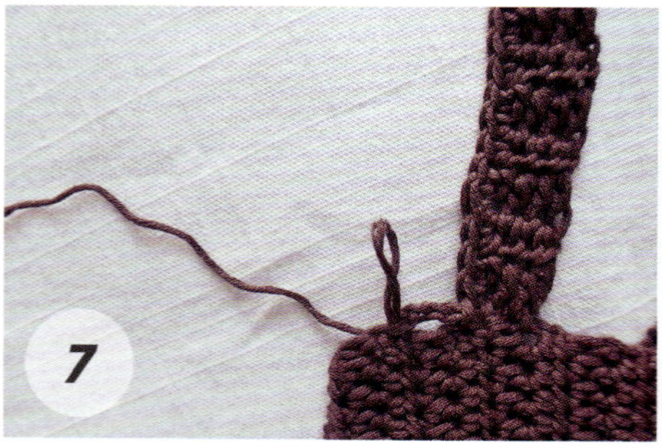

7

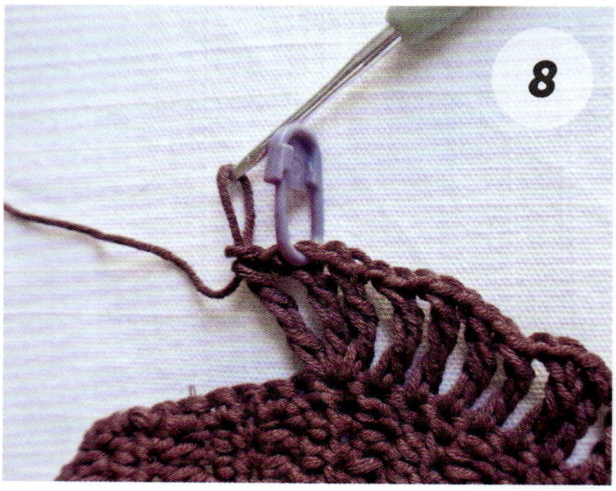

8

1. und 2. R wiederholen, bis insgesamt 18 (22, 26) R gehäkelt sind. Die letzte R besteht aus 36 (42, 48) M).

19. und 20. R (23. und 24. R, 27. und 28. R): HStb häkeln (= 36 (42, 48) M).

21. R (25. R, 29 R): die ersten 2 M mit 1 HStb zusammenhäkeln, mit HStb weiterarbeiten (= 35 (41, 47) M).

22. R (26. R, 30. R): HStb häkeln, die letzten 2 M mit 1 HStb zusammenhäkeln (= 34 (40, 46) M).

21. und 22. R (25. und 26. R, 29. und 30. R) wiederholen, bis 26 (32, 36) R gehäkelt sind. Die letzte R besteht aus insgesamt 30 (36, 40) M.

Weitere 44 (58, 70) R werden ohne Zu- oder Abnahmen mit HStb gearbeitet.

71. R. (91. R, 107. R): in die erste M 2 HStb häkeln, mit HStb weiterarbeiten (= 31 (37, 41) M).

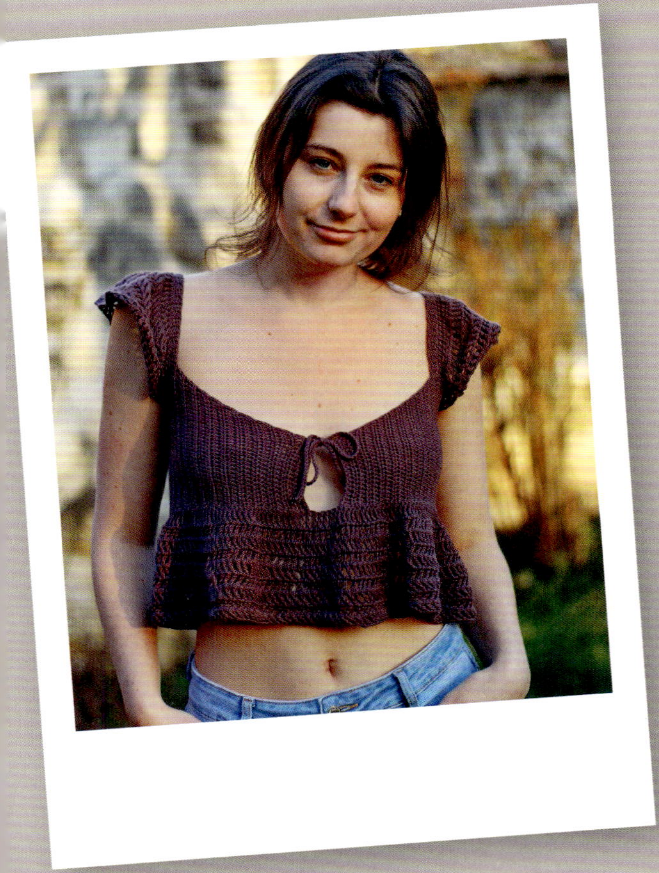

72. R (92. R, 108. R): HStb häkeln, in die letzte M 2 HStb häkeln (= 32 (38, 42) M).

71. und 72. R (91. und 92. R, 107. und 108. R) wiederholen, bis 76 (98, 114) R gehäkelt sind.

77. und 78. R (99. und 100. R, 115. und 116. R) werden ohne Zu- oder Abnahmen mit HStb gearbeitet (= 36 (42, 48 M).

79. R (101. R, 117. R): die ersten 2 M mit 1 HStb zusammenhäkeln, mit HStb weiterarbeiten (= 35 (41, 47) M).

80. R (102. R, 118R): HStb häkeln, die letzten 2 M mit 1 HStb zusammenhäkeln (= 34 (40, 46) M).

79. und 80. R (101. und 102. R, 117. und 118. R) wiederholen, bis 96 (120, 142) R gehäkelt sind. Die letzte R besteht aus insgesamt 18 (22, 26) M.

Das Bustierteil ist nun fertig.

Den Faden nicht abschneiden, sondern für die Schleife 51 LM anschlagen und rückläufig ab der 2. M von der Häkelnadel aus gesehen KM arbeiten.

Nach 50 KM entlang der kurzen Seite des Bustiers 18 (20, 22) KM arbeiten ***(1)***), bis die untere Ecke erreicht ist.

Dann 5 LM häkeln ***(2)*** und beginnend an der unteren Ecke der gegenüberliegenden kurzen Seite des Bustiers 18 (20, 22) KM arbeiten, bis die obere Ecke erreicht ist.

Hier erneut 51 LM anschlagen und rückläufig 50 KM arbeiten, diese werden in das 3. Maschenglied (Backridge) gehäkelt. ***(3)***

Wieder am Top angekommen, wird der Faden mit einer KM in der oberen Ecke des Bustiers befestigt. Die beiden Schnüre für die Schleife sind nun fertig. Faden abschneiden und durch die M auf der Häkelnadel ziehen.

Das Top wird nun umgedreht und in der Mitte der hinteren Seite wird der Faden erneut angebracht, um das Schößchen zu häkeln. ***(4)***

1 LM häkeln und rund um das Top fM arbeiten.

Mit einer KM die Runde schließen.

3 Wendeluftmaschen häkeln und die Arbeit wenden.

R1: In jede M ein DStb und 1 LM häkeln, sodass sich die Maschenanzahl verdoppelt, mit einer KM die Runde schließen, 3 Wendeluftmaschen häkeln und Arbeit wenden.

R2: In jede LM der vorherigen R jeweils 1 DStb und eine LM häkeln, die R mit einer KM abschließen, 3 Wendeluftmaschen und Arbeit wenden.

Die weiteren 5 (6, 7) R sind eine Wiederholung der 2. R.

Träger: Das Top wird mit der Vorderseite nach oben abgelegt. Den Faden in der 19. R (23. R, 27. R) des Bustiers befestigen, 1 LM häkeln und dann 3 HStb in die 19. und 20. R (23. und 24. R, 27. und 28. R) arbeiten.

1 Wendeluftmasche häkeln und die Arbeit wenden.

So fortfahren, bis 35 (40, 45) R gehäkelt sind.

Das Ende des Trägers nun an die 33. und 34. R (41. und 42. R, 45. und 46. R) nähen.

Für den zweiten Träger diesen Vorgang wiederholen, dabei werden die R ausgehend von der anderen Kante gezählt.

Ärmel: Für den Ärmel wird der Faden an der unteren Kante des Trägers befestigt ***(5)***; entlang des Trägers fM häkeln, bis die andere Seite erreicht ist.

Die fM, die sich an dem höchsten Punkt des Trägers befindet, mit einem Maschenmarkierer versehen. ***(6)***

3 LM häkeln und entlang der Armöffnung verankern. ***(7)***

Die Arbeit wenden und entlang der fM *1 DStb, 1 LM* arbeiten, von * – * wiederholen.

In die markierte M werden insgesamt 3 x (1 DStb, 1 LM) gearbeitet, das mittlere DStb mit dem Maschenmarkierer versehen. ***(8)***

Ist die letzte M erreicht, wird 1 KM entlang der Armöffnung gearbeitet.

*3 Wendeluftmaschen häkeln, wieder mit 1 KM entlang der Armöffnung verankern und die Arbeit wenden.

Nun in jede LM-Öffnung 1 DStb, 1 LM arbeiten. In die LM-Öffnung nach dem markierten DStb werden 3 x (1 DStb, 1 LM) gehäkelt, erneut das mittlere DStb markieren.

Am Ende der Reihe angekommen wieder eine KM zum Verankern entlang der Armöffnung häkeln*. Von * _* 1 x (2 x, 2 x) wiederholen, bis insgesamt 3 (4, 4) R gehäkelt sind.

Die folgenden 4 (4, 5) R werden wie folgt gearbeitet:

3 Wendeluftmaschen häkeln, ohne diese entlang des Ärmels zu verankern, dann die Arbeit wenden. In die ersten beiden LM-Öffnungen 1 DStb arbeiten, um diese zusammenzuhäkeln.

Dann in jede weitere LM-Öffnung * 1 DStb, 1 LM* häkeln, von * – * wiederholen bis zum Ende der R, ohne weitere Zunahmen in die markierte M. Die letzten beiden LM-Öffnungen ebenfalls mit 1 DStb zusammenhäkeln.

Vorgang wiederholen, bis insgesamt 7 (8, 9) R gehäkelt sind. Faden abschneiden und durch die M auf der Häkelnadel ziehen.

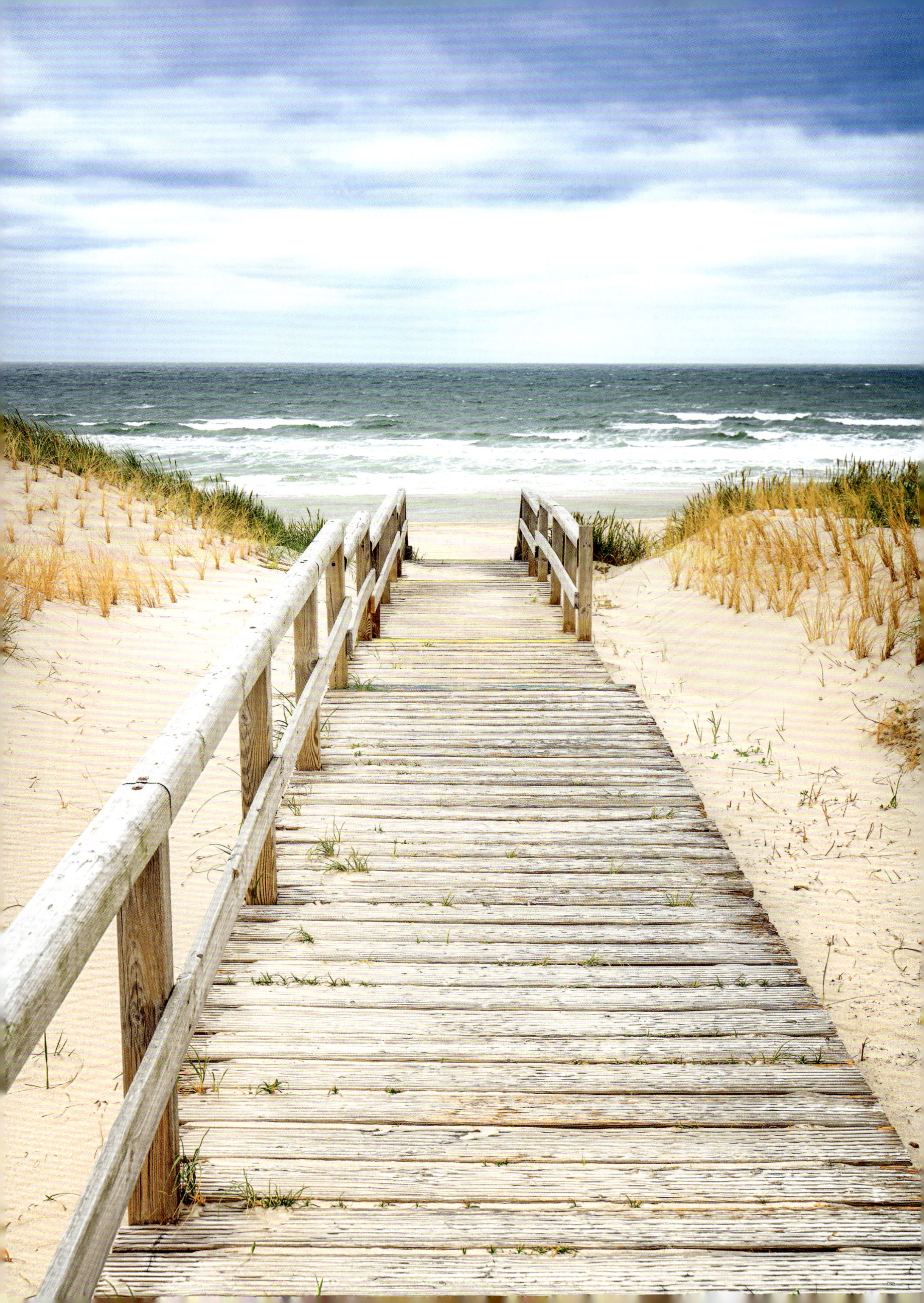

Anna-Lena

Meine Lieblingsmodelle:

Flora · Hope · Jane · Nora

Ich bin Anna-Lena Wirzberger und bin 21 Jahre alt. Ich arbeite als Kauffrau für Büromanagement. In meiner Freizeit arbeite ich an meinem Etsy-Shop und versuche, immer wieder neue Produkte herzustellen und hochzuladen.

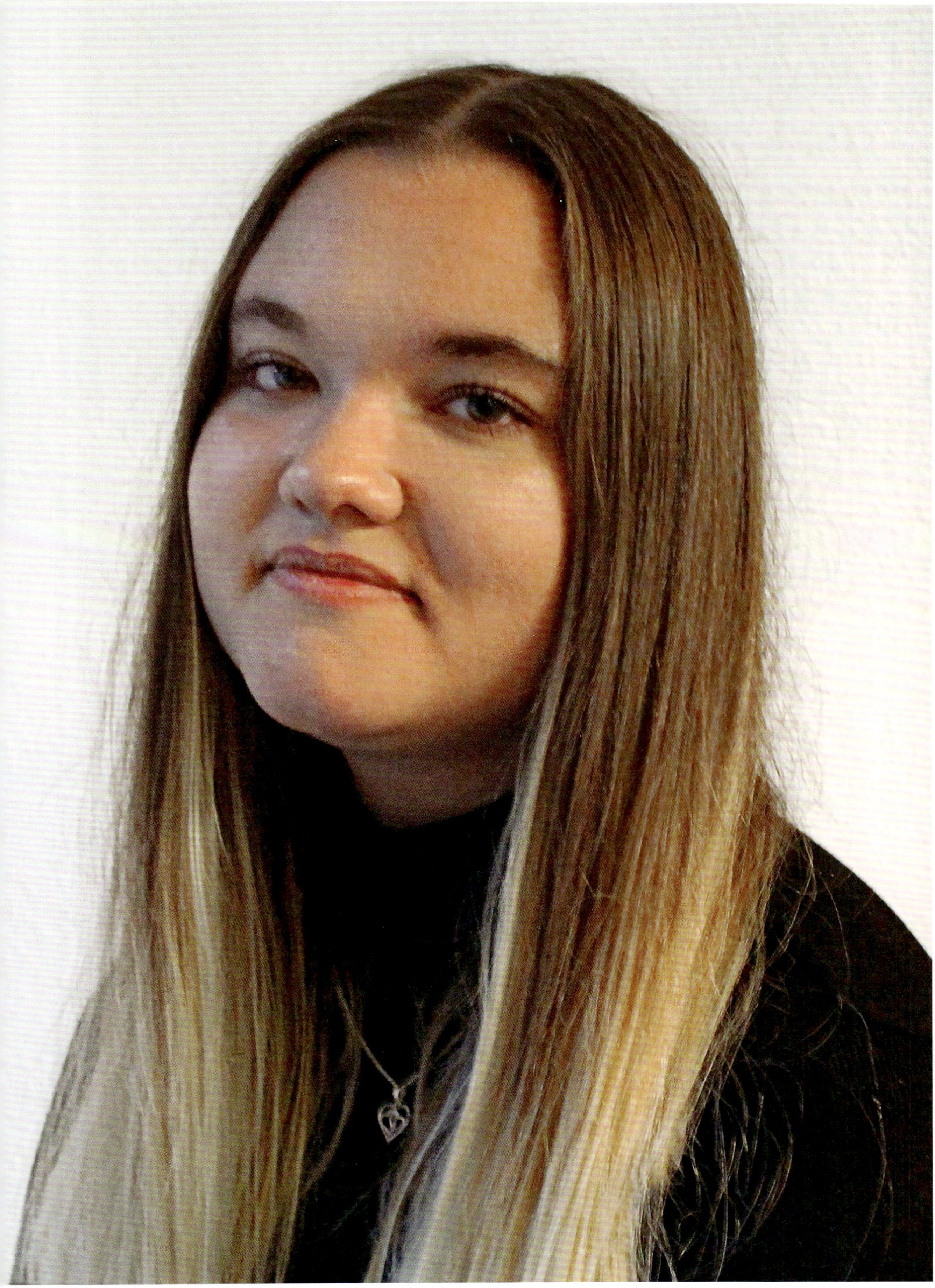

Wann und wie hast du häkeln gelernt?

Schon ganz früh in meiner Kindheit hat meine Mom immer Häkeldeckchen oder Häkelvorhänge gehäkelt, und das wollte ich natürlich auch lernen, also hat sie es mir beigebracht. Seitdem habe ich immer mal wieder gehäkelt, eine Zeitlang auch mal wieder nicht, aber ich komme immer wieder darauf zurück, wenn ich abschalten möchte.

Welches war bisher dein Lieblings-Häkelprojekt?

Mein Lieblings-Häkelprojekt bis jetzt sind Häkeltops. Man kann sich von der Umgebung inspirieren lassen, planen und in die Tat umsetzen. Es gibt immer wieder neue Muster, Formen und Farben, die man ausprobieren kann.

An welchem Ort und zu welcher Zeit häkelst du am liebsten?

Am liebsten häkle ich morgens oder abends auf der Couch, wenn es dunkel ist und man das Gefühl hat, dass die Zeit angehalten hat.

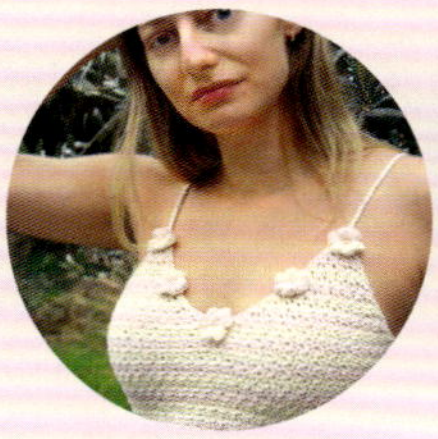
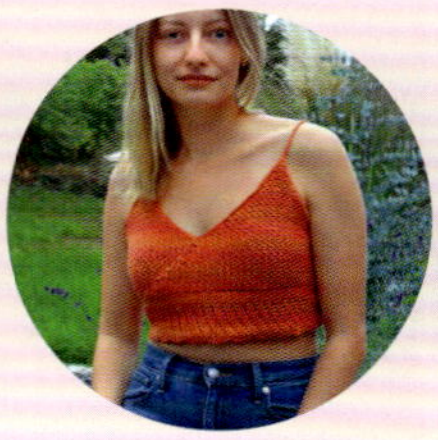
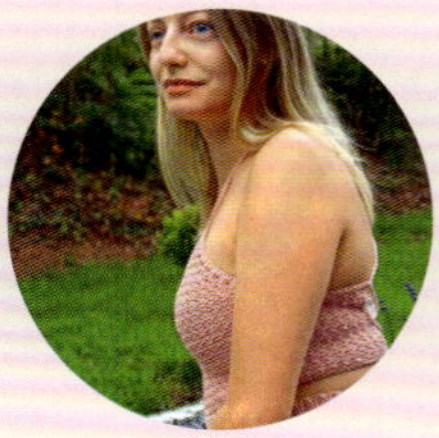
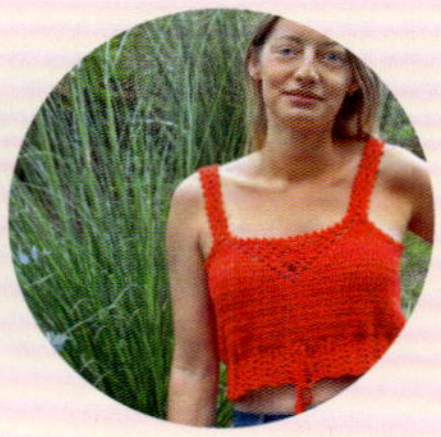

Warum hast du diese vier Tops ausgewählt?

Sie haben ein modernes Aussehen und sitzen locker, weshalb man sie gut mit langen oder kurzen Jeanshosen oder auch mit lockeren Sommershorts anziehen kann.

Welches (Groß-)Projekt willst du irgendwann in der Zukunft mal umsetzen?

Eine Patchwork-Decke, die stetig wächst und neue Patches dazubekommt.

Gibt es in deiner Familie oder deinem Freundeskreis noch mehr Häkelfreunde?

Nur meine Mom und mich.

Was hat dich dazu gebracht, deine Häkelprojekte öffentlich zu zeigen?

Wie schon erwähnt, hat meine Mom früher auch gehäkelt und sie hatte stapelweise diese alten Häkelzeitschriften – die ich natürlich auch eine nach der anderen durchgeblättert habe. Als ich die Chance bekommen habe, meine Projekte zu veröffentlichen, musste ich an diese Zeit zurückdenken und da fiel es mir natürlich nicht schwer, meine Ideen zu veröffentlichen.

Flora

Leichtes Sommertop mit Blumendetails

SCHWIERIGKEITSGRAD

✷✷✷

GRÖSSE

Größe: S und M

Die Angaben für die größere Größe stehen in Klammern oder werden beschrieben. Steht nur eine Angabe, so gilt diese für beide Größen.

MATERIAL

Must Have von Yarn & Colors (100% Baumwolle), 100 (150) g in 002 Cream

Häkelnadel (3,5 mm)

Vernähnadel

4 Maschenmarkierer

MASCHENPROBE

Up & Down-Muster mit Häkelnadel 3,5 mm: 18 Maschen x 14 Reihen = 10 cm x 10 cm

MUSTER

Up & Down-Muster:

1. Reihe: *1 fM, 1 Stb*, von * – * wiederholen.

2. Reihe: *1 Stb in die fM der vorherigen R, 1 fM in das Stb der vorherigen R*, von * – * wiederholen.

Die erste Reihe des Up & Down-Musters stellt die „Basis“ dar. Alle darauffolgenden Reihen werden wie die 2. Reihe gehäkelt.

BLUME

Magic Ring, 1 LM, 6 fM in den Ring häkeln, Faden festziehen, *2 LM, 6x den Faden durch

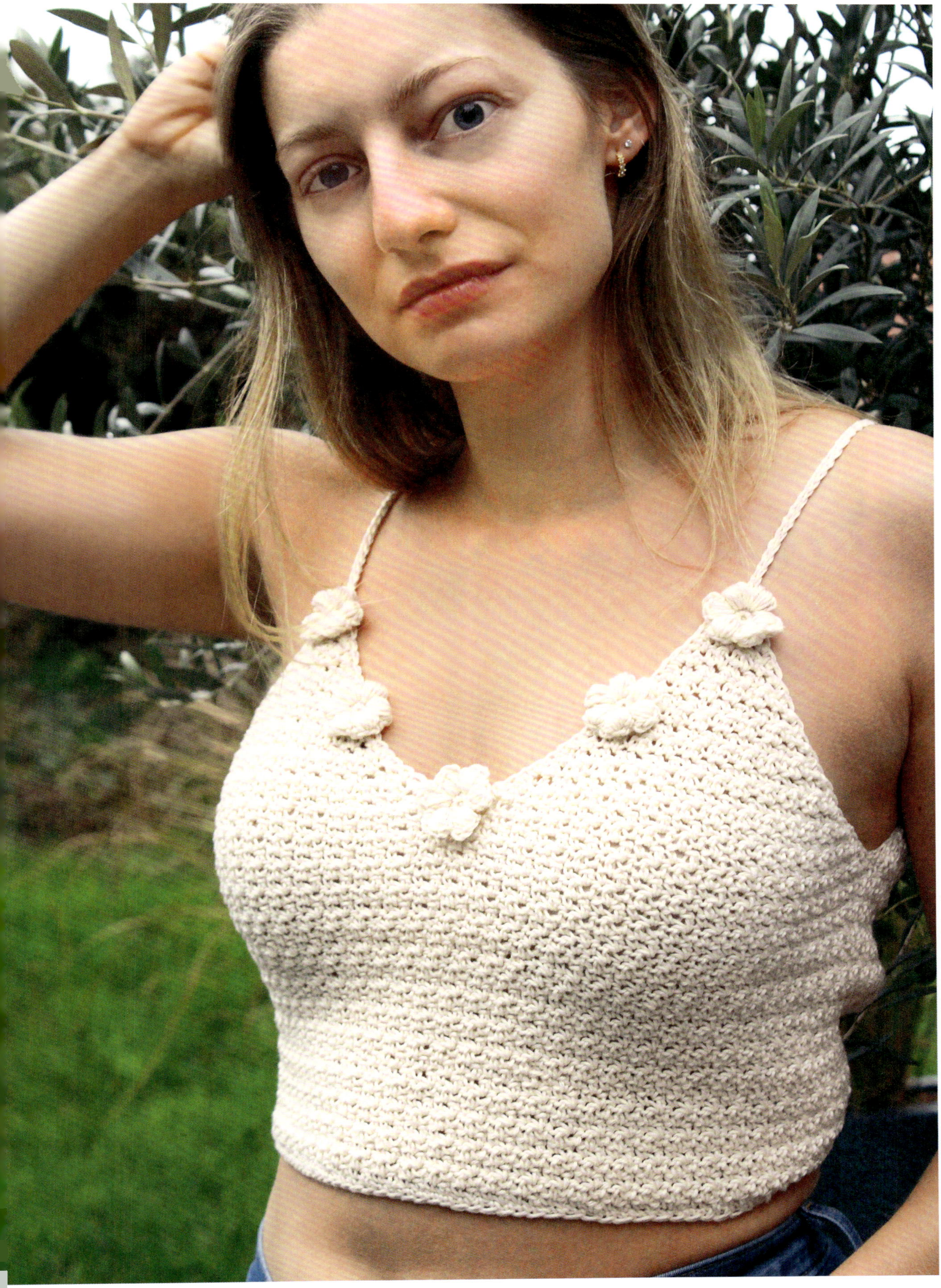

die Maschenglieder der fM holen und durch alle Schlaufen ziehen, 2 LM, 1 KM*, von * – * bis Rundenende wiederholen.

SO WIRD'S GEMACHT

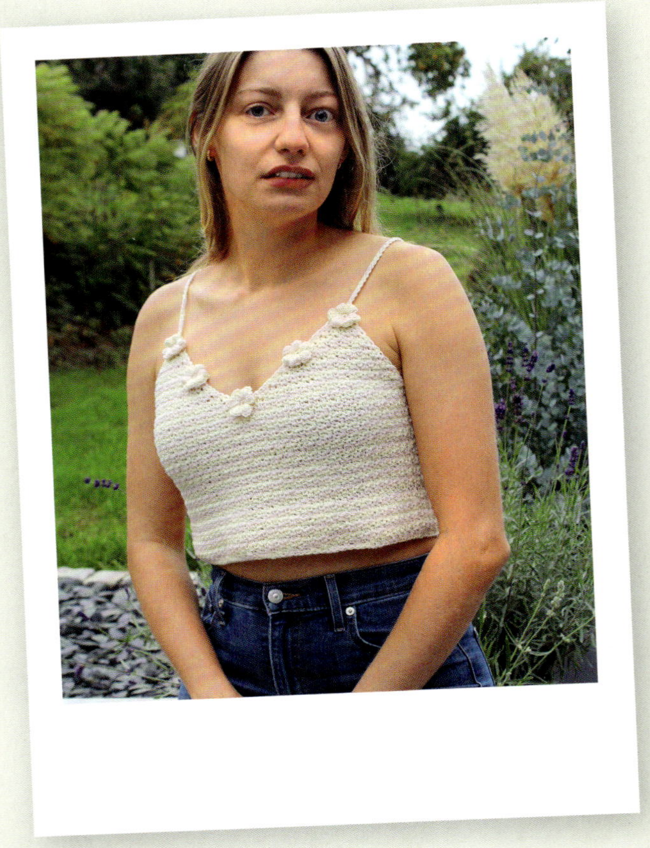

144 (152) LM anschlagen, mit einer KM zum Ring schließen.

17 (18) cm im Up & Down-Muster häkeln, dabei jeweils die Runden mit 1 KM schließen, 1 Wendeluftmasche, die Arbeit wenden.

Dann die vier Maschenmarkierer in gleichem Abstand am Häkelstück befestigen.

In der folgenden R 2 M zusammenhäkeln, bis 2 M vor dem 2. Maschenmarkierer im Up & Down-Muster häkeln, 2 M zusammenhäkeln, 1 Wendeluftmasche, die Arbeit wenden.

Weitere 4 R häkeln, dabei am Anfang und Ende der R jeweils 2 M zusammenhäkeln.

In der nächsten R 2 M zusammenhäkeln, bis 2 M vor dem 1. Maschenmarkierer im Up & Down-Muster häkeln, 2 M zusammenhäkeln, 1 Wendeluftmasche, Arbeit wenden.

Weitere R häkeln, dabei am Anfang und Ende der R jeweils 2 M zusammenhäkeln, bis 1 M übrig bleibt, mit 1 KM enden und Faden abschneiden.

Auf allen Seiten wiederholen, sodass vier gleich große Zacken entstehen.

Fertigstellung

Am unteren Rand des Tops fM häkeln, ebenso am oberen Rand, hierbei an zwei nebeneinander liegenden Spitzen je eine LM-Kette von 26 cm häkeln und auf der anderen Seite mit 1 KM befestigen, an der LM-Kette entlang fM häkeln.

Fünf Blumen am Dekolleté des Tops annähen.

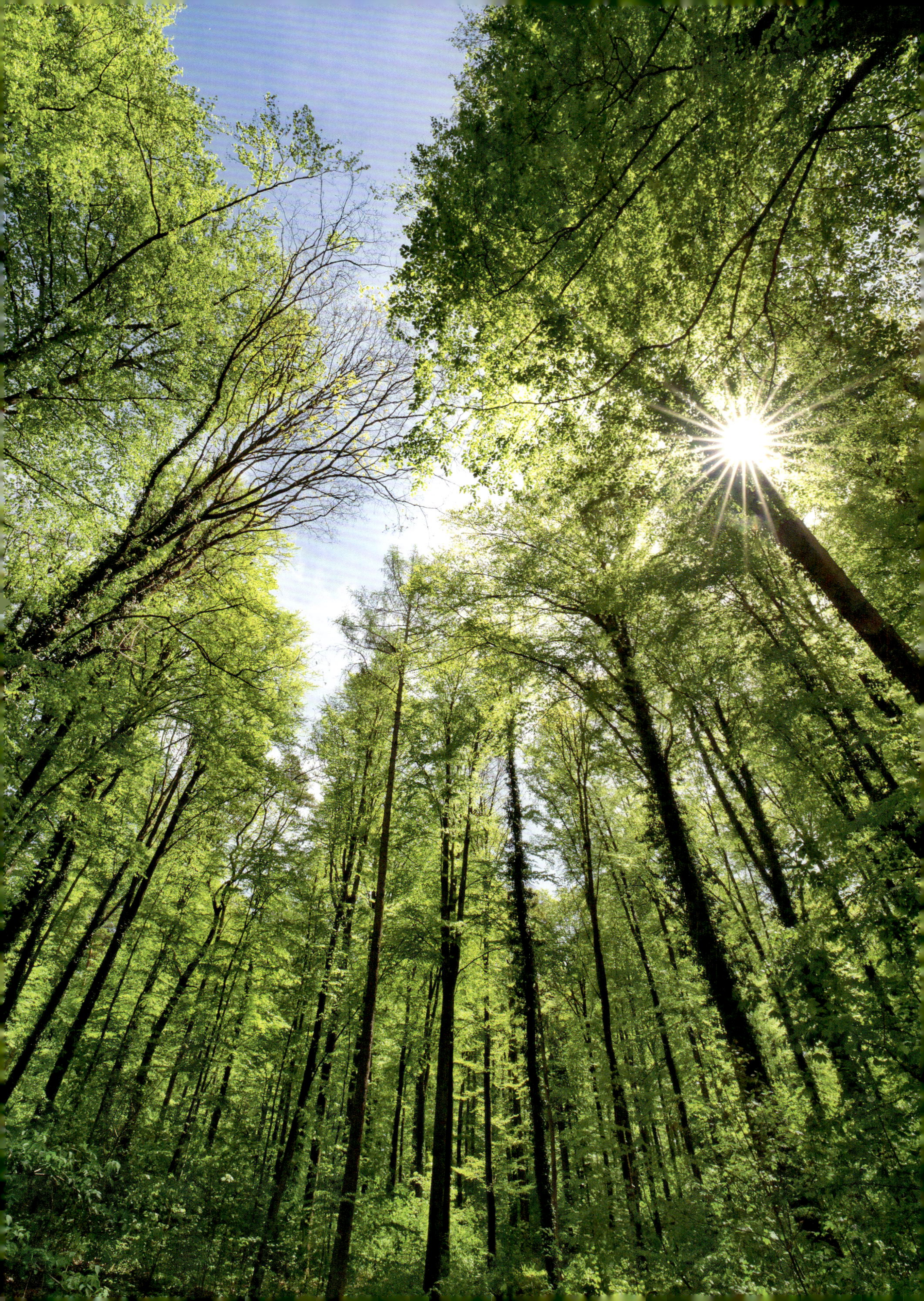

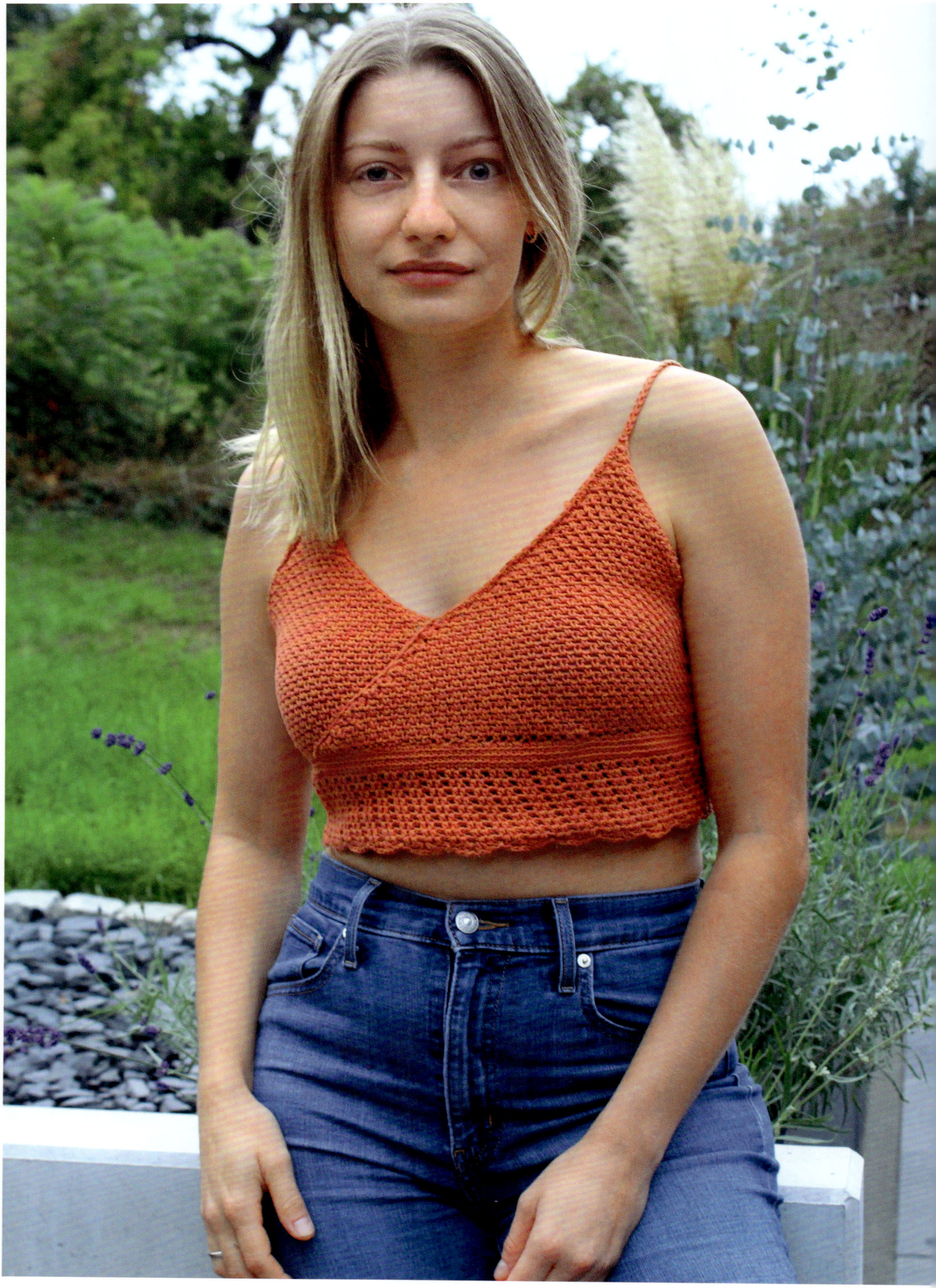

Hope

Wrap-Crop Top

SCHWIERIGKEITSGRAD

✱✱✱

GRÖSSE

S und M

Die Angaben für die größere Größe stehen in Klammern oder werden beschrieben. Steht nur eine Angabe, so gilt diese für beide Größen.

MATERIAL

Safran von Drops (100% Baumwolle), 100 (150) g in 59 Red Clay

Häkelnadel (4mm)

Vernähnadel

2 Maschenmarkierer

MASCHENPROBE

fM mit Häkelnadel 4 mm:
18 Maschen x 22 Reihen = 10 x 10 cm
Mossmuster mit Häkelnadel 4 mm:
22 Maschen x 21 Reihen = 10 cm x 10 cm

MUSTER

Mossmuster: 1 fM, 1 LM, 1 M überspringen.

Muster: *2 Stb, 1 LM, 1 M überspringen*, von * – * wiederholen.

Abrundung Unterteil: *2 Stb, 2 LM, 2 Stb in die gleiche 1-LM Lücke der Vorreihe häkeln, 1 fM in die nächste 1-LM Lücke**, von * – * wiederholen.

Hinweis: Runden mit einer KM schließen.

Nach jeder Reihe/Runde eine Wendeluftmasche häkeln.

SO WIRD'S GEMACHT:

Vorderteil (2x): 54 (64) LM + 1 Wendeluftmasche anschlagen.

1. – 22. R (1. – 25. R): im Mossmuster ***(1)*** häkeln, dabei die ersten und letzten 2 M der R zusammenhäkeln, die Arbeit wenden, 1 Wendeluftmasche.

Beidseitige Abnahme vornehmen, bis noch 1 M übrig ist ***(2)***, mit 1 KM enden, Faden abschneiden.

Beide Vorderteile wie in der Zeichnung ***(3)*** zusammen legen mit einer Überlappung von 14 (19) cm, mit fM zusammenhäkeln. Faden nicht abschneiden!

Rückenteil: 37,5 cm (39 cm) an der Seite des Vorderteils, Zeichnung ***(4)***, im Mossmuster häkeln. Die Ausgangsposition der Nadel muss oben liegen.

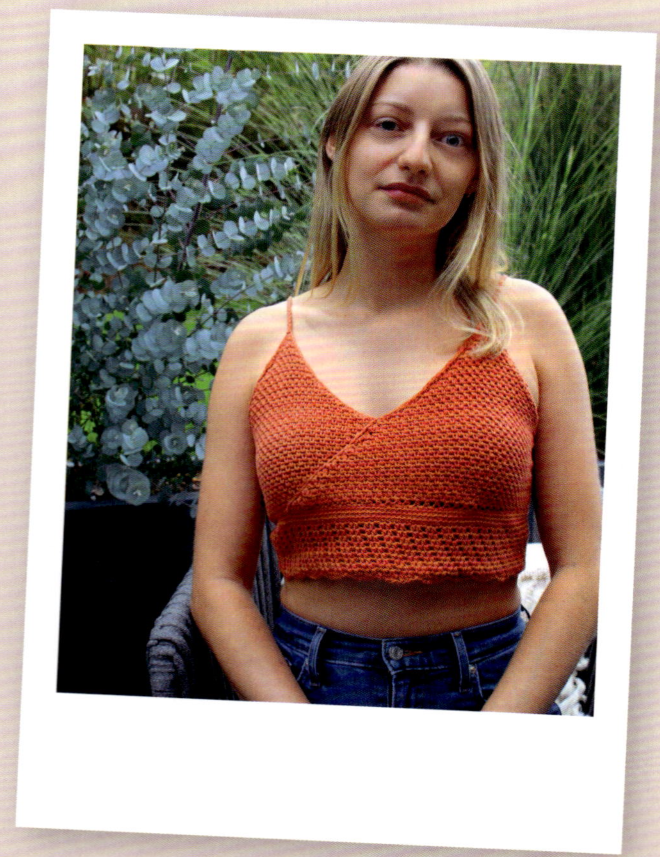

Rücken- und Vorderteil mit fM von oben nach unten zusammen häkeln. ***(4)***

Faden nicht abschneiden!

Unterteil: 1 LM anschlagen.

1. – 3. Runde: fM ins hintere Maschenglied häkeln.

4. – 12. Runde: „Muster Unterteil"

13. R: „Abrundung Unterteil"

Faden abschneiden.

Träger: Wie in der Zeichnung ***(5)*** Garn anhäkeln, bis Vorderteil fM. Am Rückenteil jeweils 10 cm vom Rand eingerückt mit Maschenmarkierern die Stelle für die Träger markieren.

Für die Träger am Vorderteil *3 fM, 2 M zusammenhäkeln*, von * _* bis zur Spitze wiederholen, dann LM-Kette von 27 cm häkeln und mit 1 KM am gegenüberliegenden Maschenmarkierer befestigen, 1 KM in die M links davon häkeln. An der LM-Kette entlang fM häkeln.

3 fM, 2 M zusammenhäkeln, von * _* bis zum Ende wiederholen *, Faden abschneiden. ***(5)*** Faden am anderen Vorderteil anhäkeln.

3 fM, 2 M zusammenhäkeln, von * _* bis zu Spitze wiederholen, Träger häkeln, *3 fM, 2 M zusammenhäkeln*, von * _* bis zum Anfang wiederholen. ***(6)***

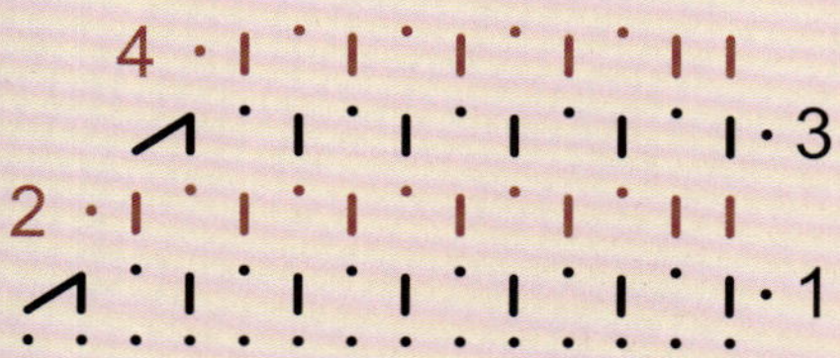

1

· Luftmasche

ı Abnahme mit fester Masche

∧ Feste Masche

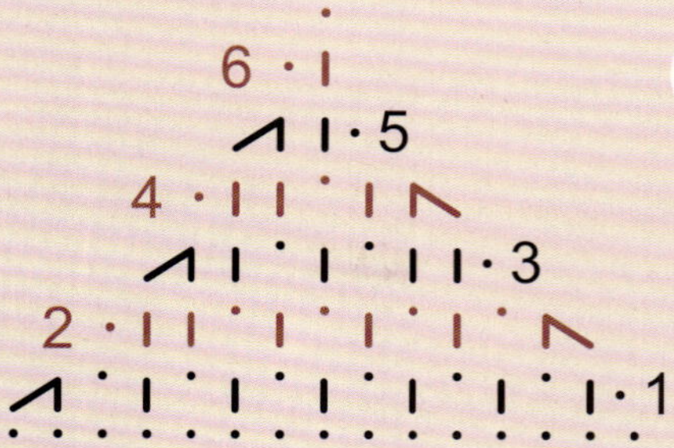

2

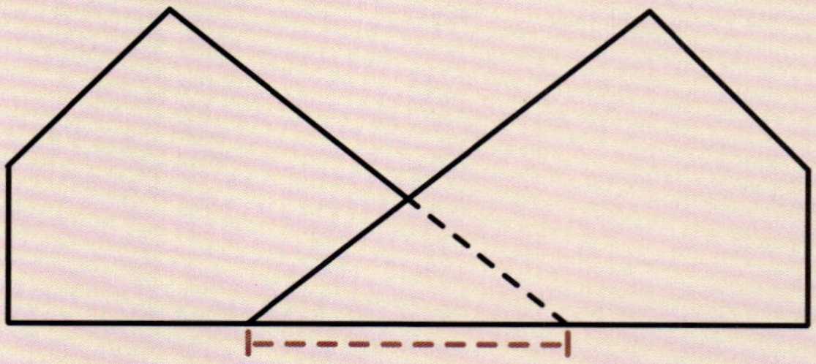

3

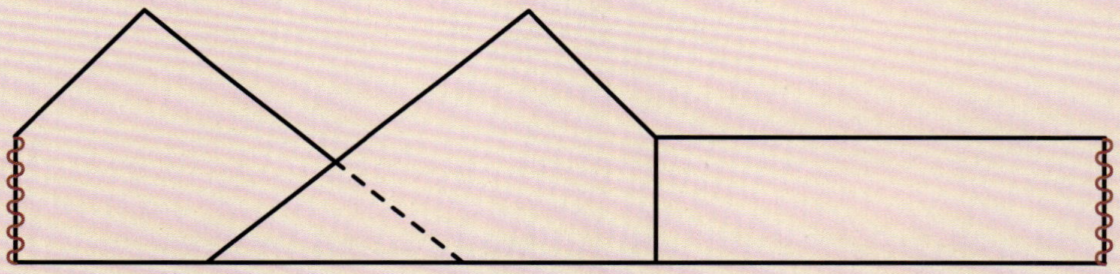

4

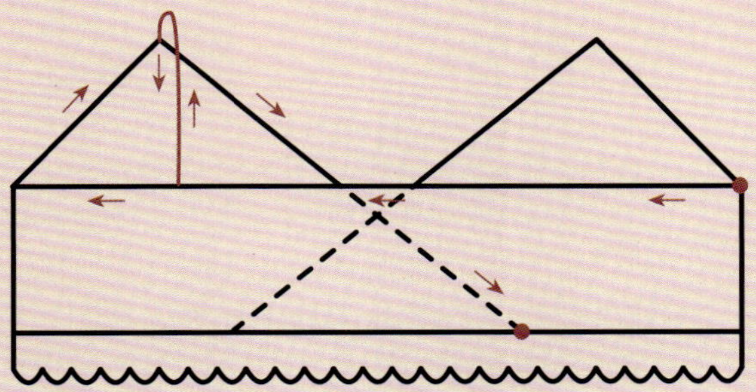

5

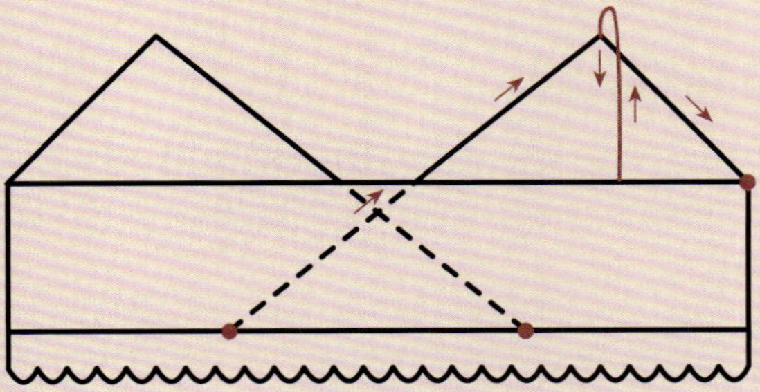

6

Jane

Crop Top

SCHWIERIGKEITSGRAD

✱✱✱

GRÖSSE

S und M

Die Angaben für die größere Größe stehen in Klammern oder werden beschrieben. Steht nur eine Angabe, so gilt diese für beide Größen.

MATERIAL

Must Have von Yarn & Colors (100% Baumwolle), 100 (150) g in 047 Old Pink

Häkelnadel 3 mm

Vernähnadel

MASCHENPROBE

Wattle-Muster mit Häkelnadel 3 mm:
15 Maschen x 15 Reihen = 10 cm x 10 cm

MUSTER

Wattle-Muster: *(1 fM, 1 LM, 1 Stb) in die selbe M häkeln, 2 M überspringen*, von * – * wiederholen.

Wattle-Muster, Zunahmen:
siehe Zeichnung ***(1)***

Wattle-Muster, Abnahme:
siehe Zeichnung ***(2)***

BLO (Back loop only): fM in die hintere Schlaufe der M der Vorreihe häkeln.

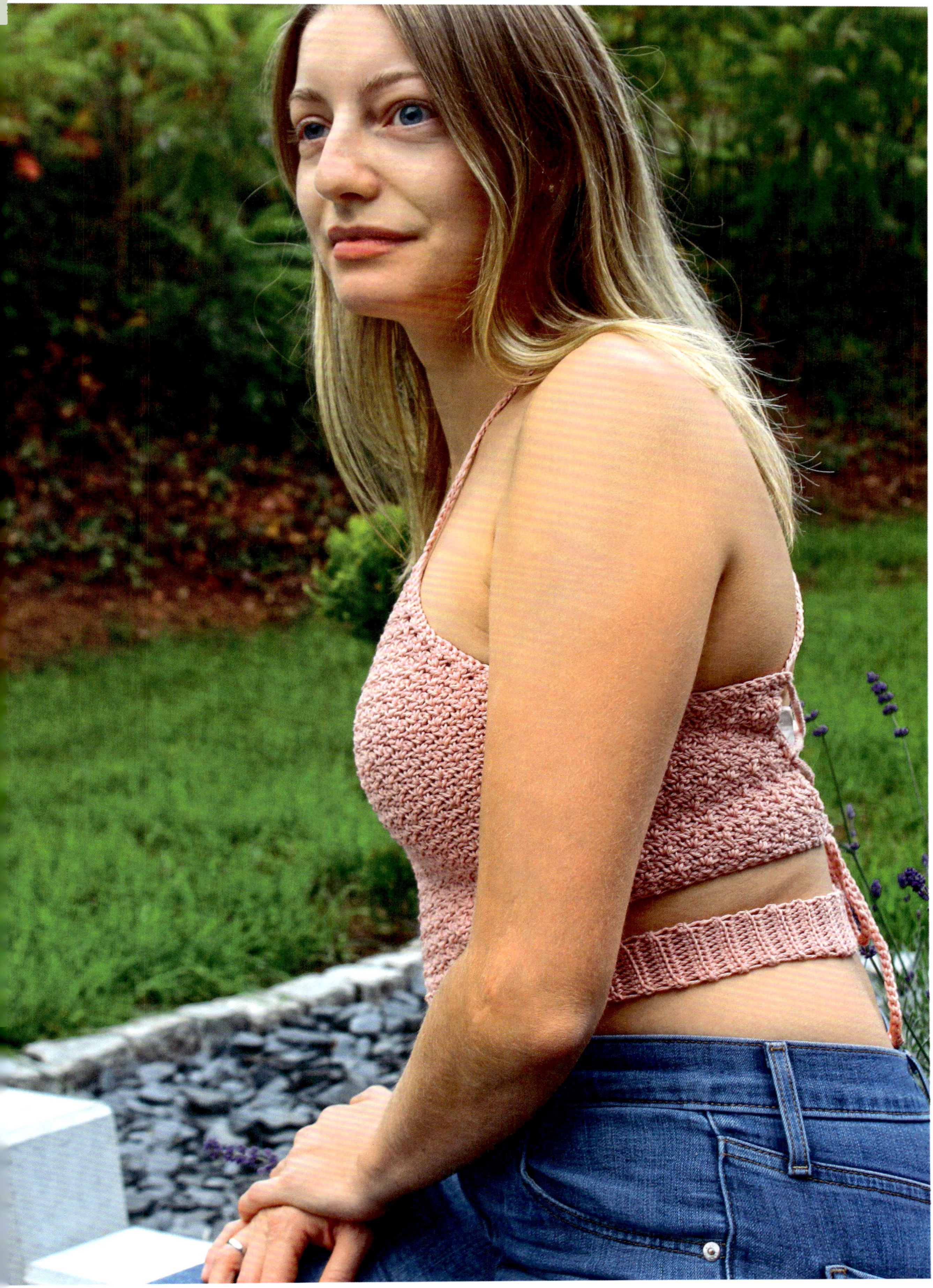

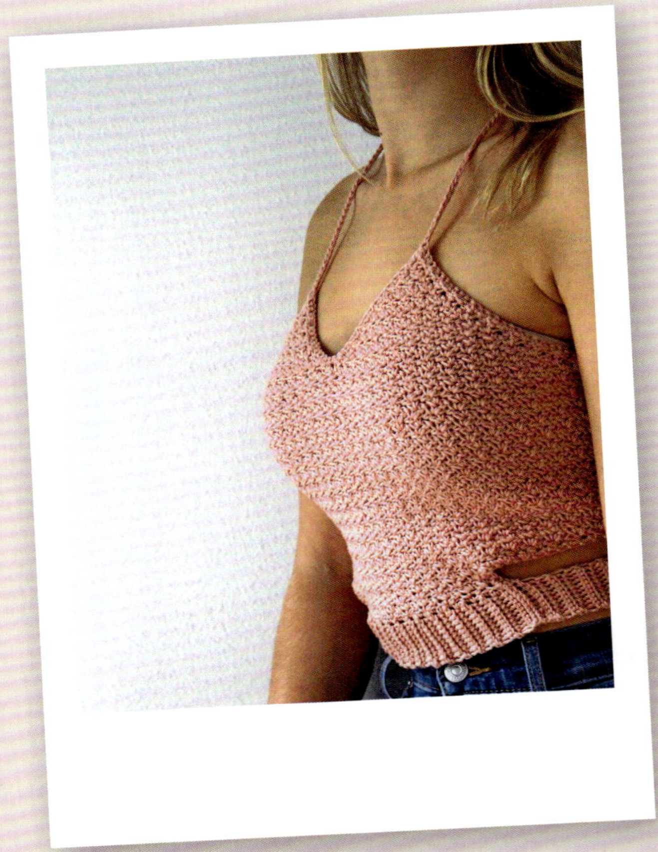

SO WIRD'S GEMACHT

Top: 10 LM + 1 Wendeluftmasche anschlagen.

1. R: 10 fM, 1 Wendeluftmasche

2. – 85. R (2. R – 101 R): BLO, am Ende der R stets 1 Wendeluftmasche häkeln. Faden nicht abschneiden, 1. Reihe: 1 LM, am Top 27 (30) fM häkeln (in jede Reihe des gehäkelten Bands 1 fM), 2. Reihe: Wattle-Muster mit je einer Zunahme am Anfang und Ende der Reihe, 3. Reihe: Wattle-Muster, Faden abschneiden, 4. Reihe: 40 (45) LM häkeln, am Top anhäkeln, bis Reihenende Wattle-Muster, 40 (45) LM + 1 Wendeluftmasche, 17 (19) Reihen Wattle-Muster, Faden abschneiden.

10 cm von rechts und links der Reihe mit je einem Maschenmarkierer abstecken.

Am rechten Maschenmarkierer anhäkeln, 11 Reihen Wattle-Muster mit je einer Abnahme am Anfang und Ende in jeder Reihe, Mitte der Reihe mit Maschenmarkierer abstecken, 2 M zusammenhäkeln, bis 2 M vor dem Maschenmarkierer im Wattle-Muster häkeln, 2 M zusammenhäkeln, Arbeit wenden, am Anfang und Ende der Reihe jeweils 2 M zusammenhäkeln, wiederholen, bis 1 M übrig ist, mit 1 KM enden, Faden abschneiden.

Auf der anderen Seite wiederholen.

Fertigstellung

Träger rechts unten am Top anhäkeln, bis zu den Spitzen häkeln, 200 LM, an der LM-Kette entlang KM häkeln, bis zum linken Ende des Tops fM, Faden abschneiden.

Träger am Rücken befestigen.
Siehe Zeichnung ***(3)***

1

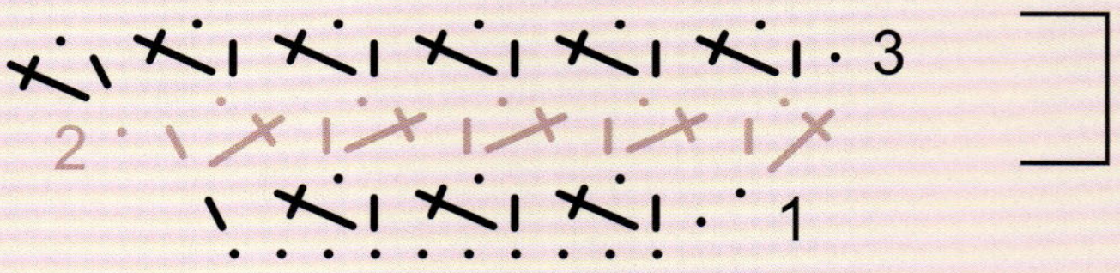

Zunahme

2

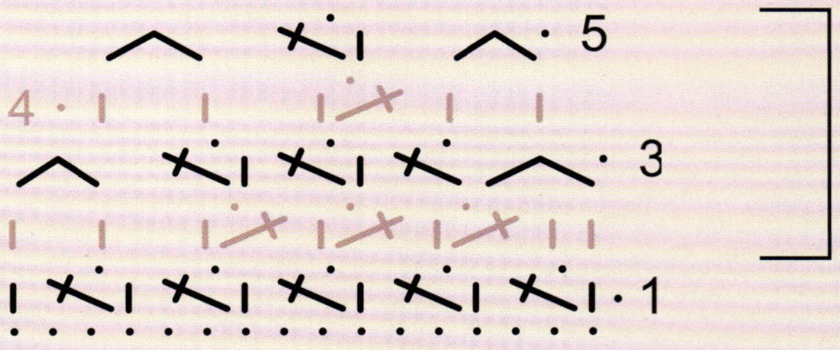

Abnahme

- · Luftmasche
- ı Feste Masche
- † Stäbchen
- ∧ 2 M mit einer festen Masche zusammenhäkeln

3

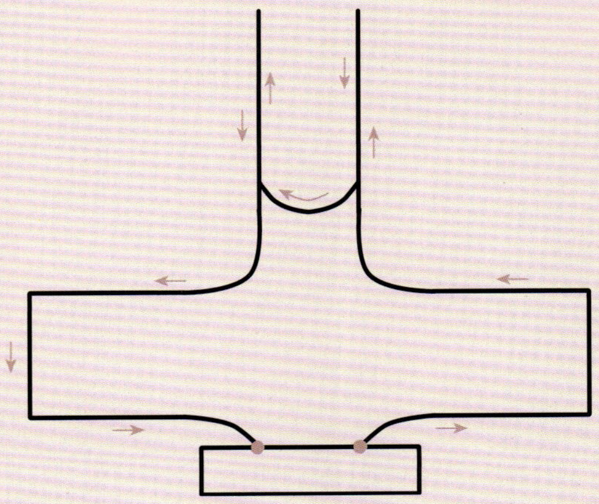

● Start- / Endpunkt

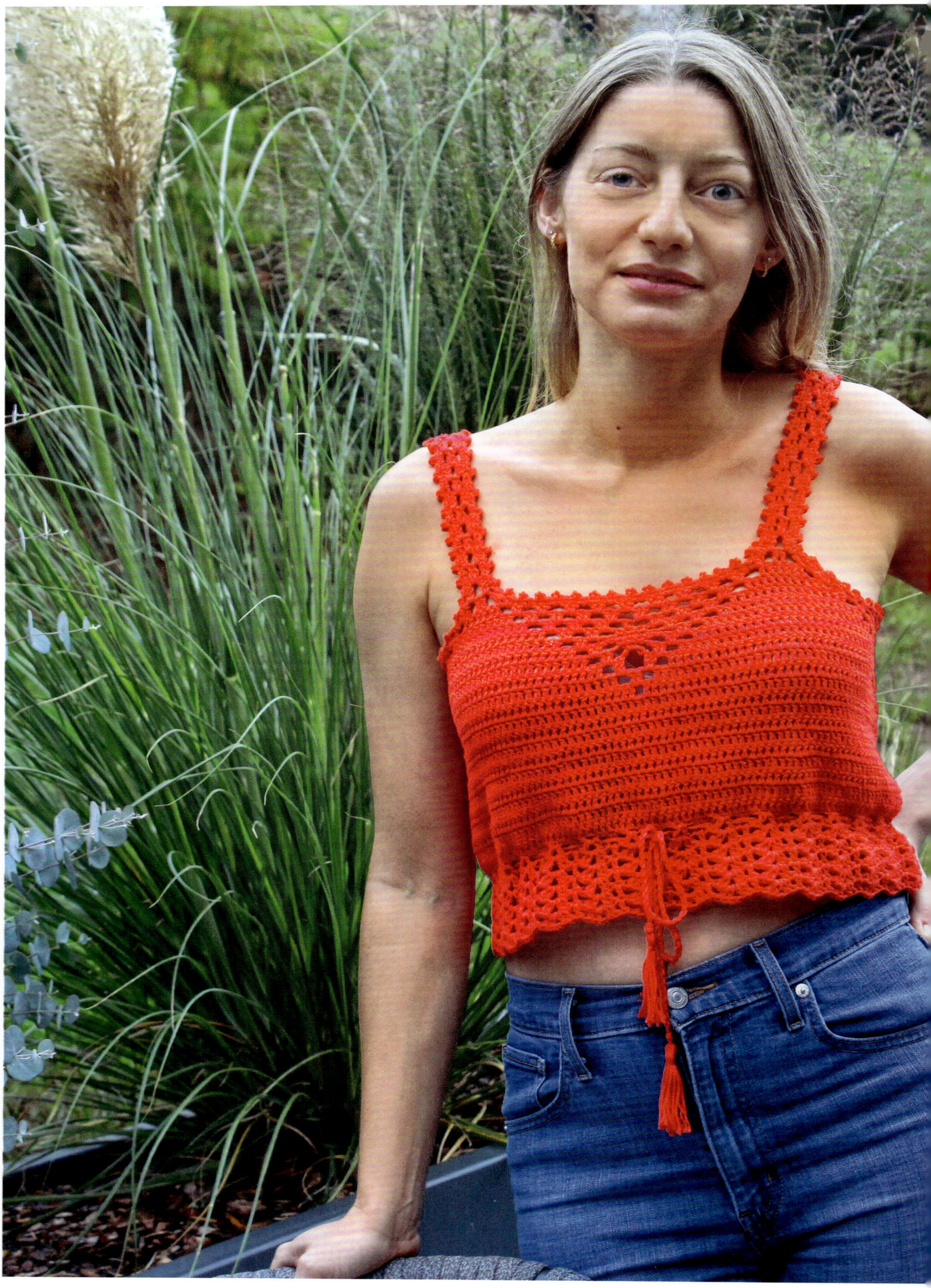

Nora

Leichtes Sommertop

SCHWIERIGKEITSGRAD

✱✱✱

GRÖSSE

S und M

Die Angaben für die größere Größe stehen in Klammern oder werden beschrieben. Steht nur eine Angabe, so gilt diese für beide Größen.

MATERIAL

Safran von Drops (100% Baumwolle), 150- (150) g in 19 Red

Häkelnadel (3 mm)

Vernähnadel

4 Maschenmarkierer

MASCHENPROBE

Stäbchen mit Häkelnadel 3 mm:
23 Maschen x 10 Reihen = 10 cm x 10 cm

MUSTER

Muster Oberteil: Zeichnung ***(1 – 3)***

Muster Unterteil:

1. R: *1 Stb., 2 M überspringen, (1 Stb, 1 LM, 1 Stb in die gleiche M der Vorreihe)*, von * – * wiederholen.

2. R: * 1 Stb in die erste Lücke, (2 Stb, 2 LM, 2 Stb in die gleiche M der Vorreihe)*, von * – * wiederholen.

3. – 6. R: *1 Stb, (2 Stb, 2 LM, 2 Stb in die gleiche M der Vorreihe)*, von * – * wiederholen.

Träger: Zeichnung ***(4+5)***

1

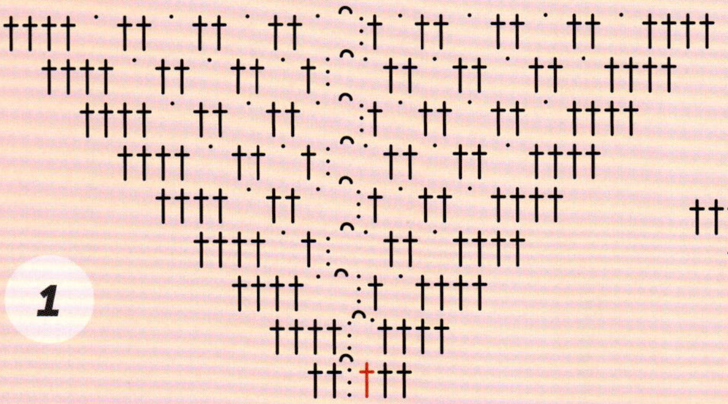

† = Maschenmarkierer 1

2

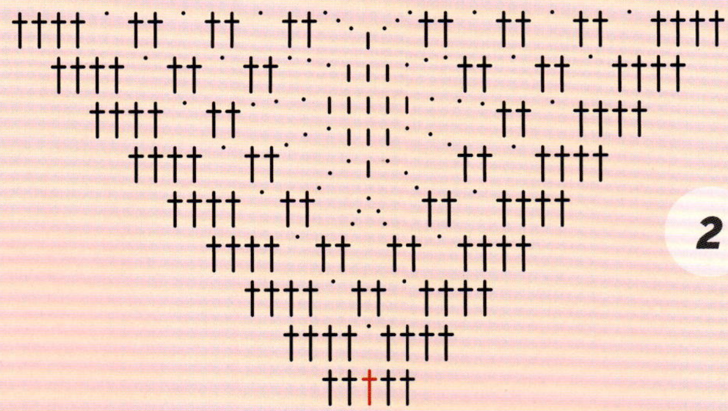

† = Maschenmarkierer 2 + 4

3

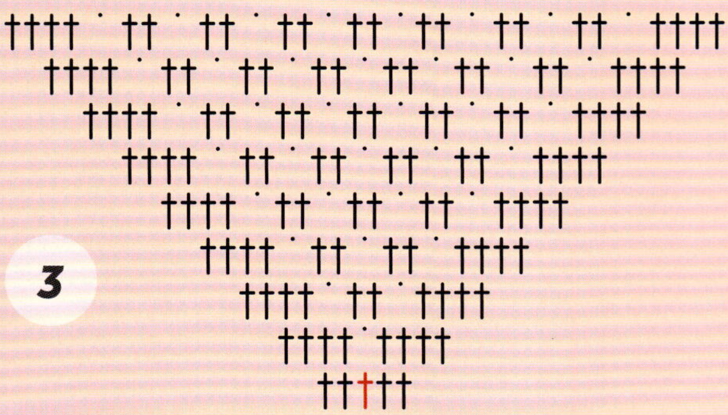

† = Maschenmarkierer 3

- · Luftmasche
- ᴖ Kettmasche
- ı Feste Masche
- † Stäbchen
- ⁝ 3 Steige-Luftmaschen

4

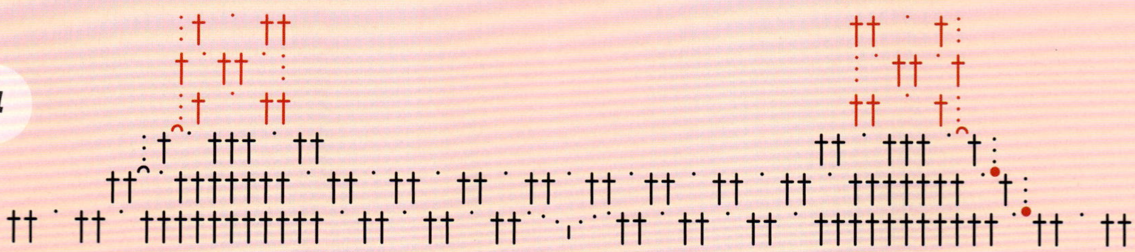

5

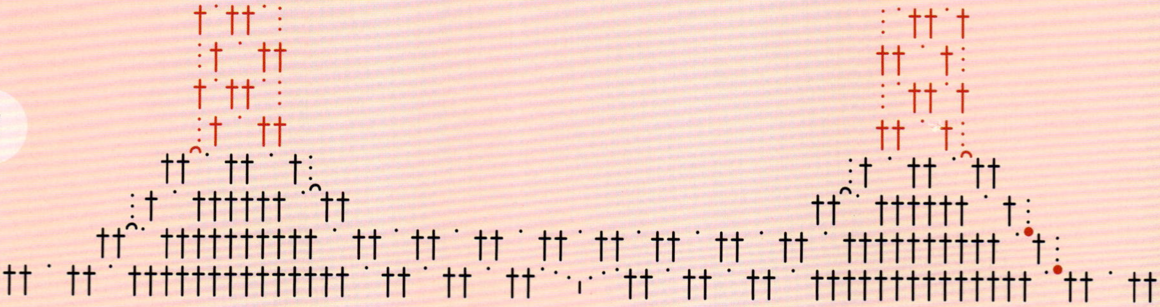

Abrundung Oberteil: *2 fM, 3 LM, 1 KM in die 3.*, von * – * wiederholen

Hinweis: Die 3 LM am Anfang einer Reihe zählen als 1 Stb.

Das Häkelstück wird nach jeder Runde gewendet.

Jede Runde mit einer KM schließen.

SO WIRD'S GEMACHT

160 (172) LM anschlagen, mit 1 KM zur Runde schließen, Arbeit wenden.

1. – 10. R: 3 Wendeluftmasche, Stb, Runde mit 1 KM schließen, Arbeit wenden.

In jede 40. (43.) M ein Maschenmarkierer platzieren (vier Stück).

Die nächsten 8 Reihen werden im Muster gehäkelt:

Am ersten Maschenmarkierer (Runden-Anfang und -Ende) wie in Zeichnung ***(1)***

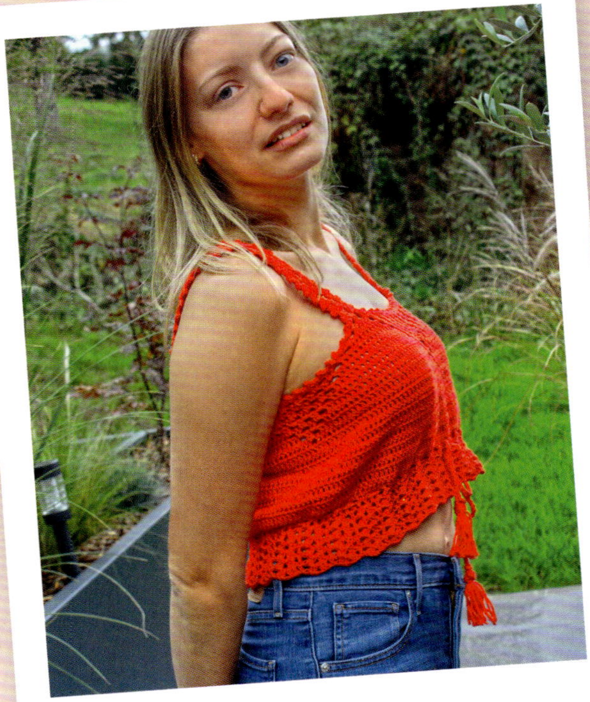

Am zweiten und vierten Maschenmarkierer wie in Zeichnung ***(2)***

Am dritten Maschenmarkierer wie in Zeichnung ***(3)***

Faden abschneiden.

Wie in Skizze ***(4 bzw. 5)*** am Top anhäkeln.

Träger:

1. und 2. R (1. – 3. R): 3 LM anschlagen, wie in der Zeichnung ***(4 bzw. 5)*** Zeichnung 4 = S
Zeichnung 5 = M

3 – 4 (4 – 5) R: 28 mal wiederholen (insgesamt 56 Reihen), Faden abschneiden.

Auf der rechten Seite des Tops anhäkeln und wiederholen wie in Zeichnung ***(4 bzw. 5)***. Faden abschneiden.

Auf der gegenüberliegenden Seite des Tops anhäkeln, Zeichnung ***(4 bzw. 5)***.

1. und 2. R (1. – 3. R): 3 LM anschlagen, häkeln wie in Zeichnung ***(4 bzw. 5)***, Faden abschneiden

Die Träger auf der anderen Seite an das Top mit KM anhäkeln oder annähen.

1. – 6. Reihe des Musters ans Unterteil häkeln, Faden abschneiden.

An jeweils allen drei oberen Teilen des Tops (Ärmel links, Mitte, Ärmel rechts) anhäkeln und Abrundung Oberteil häkeln, Faden abschneiden.

Gürtel:

LM-Kette anschlagen, die 1½ mal um das Top reicht, durch Reihe 1 des Musters am Unterteil hoch/runter weben, Quasten an Anfang und Ende befestigen.

Nadine

Meine Lieblingsmodelle:

Marina · Bella · Chloe · Livia

Hi! Mein Name ist Nadine, ich bin 30 Jahre alt und komme aus Köln. Ich arbeite als Customer Relationship Managerin und kümmere mich in dieser Rolle um das E-Mail- und App-Marketing. Da mein Job 100% remote ist, arbeite ich viele Monate im Jahr, vor allem in den kalten, grauen Wintermonaten, von anderen Orten Europas aus. Neben dem Reisen verbringe ich meine Freizeit hauptsächlich in der Natur, gehe gerne wandern oder liege faul mit einem guten Buch am Strand. Ansonsten verbringe ich natürlich jede freie Minute mit Häkeln oder dem Shoppen von neuen Garnen – davon kann man schließlich nie genug haben.

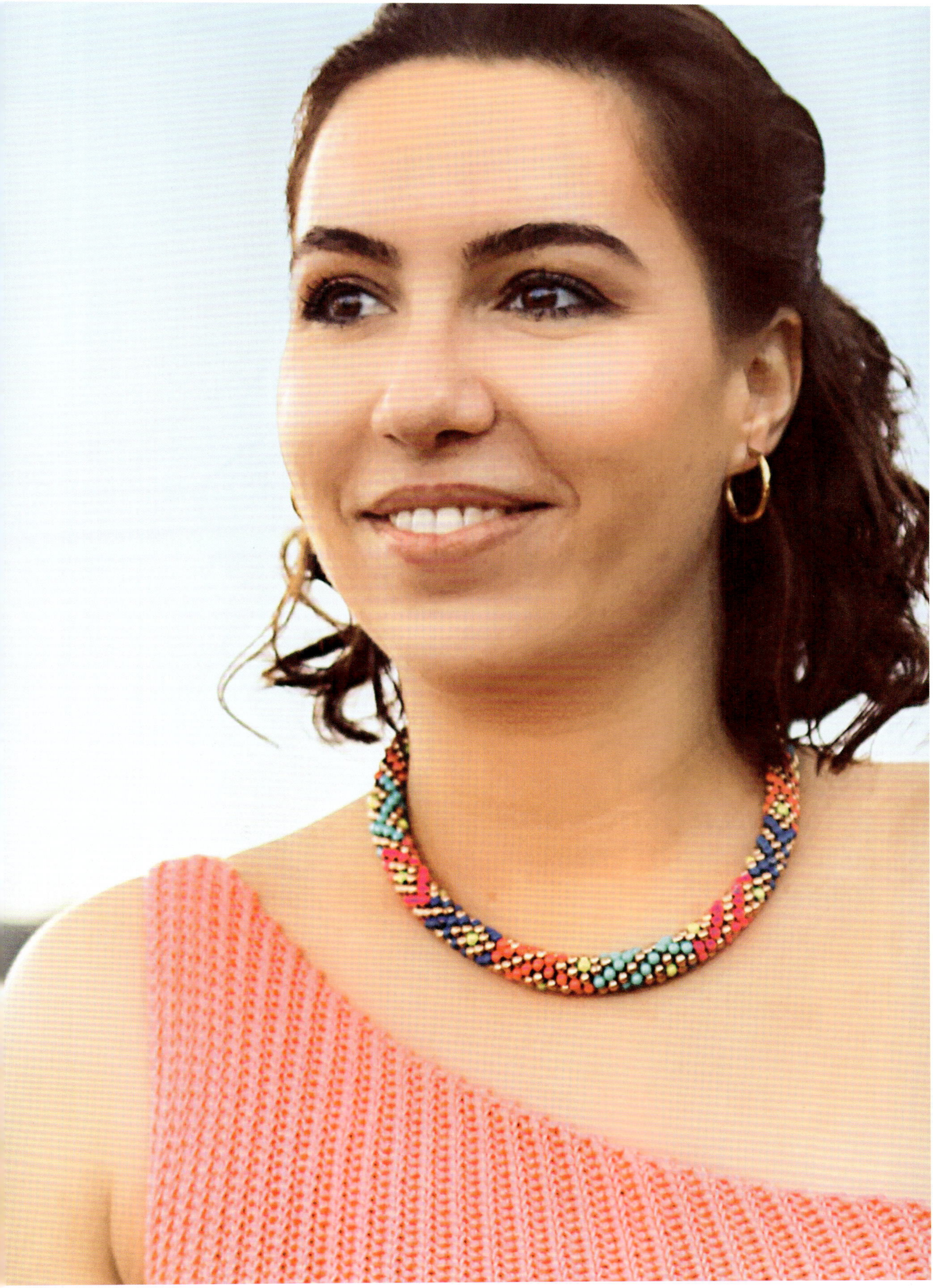

Wann und wie hast du häkeln gelernt?

Ich kann mich gar nicht mehr daran erinnern, wann ich häkeln gelernt habe. Aber ich weiß noch, dass ich meiner Oma als Kind selbstgehäkelte Topflappen geschenkt habe. In dieser Zeit müssen somit die Anfänge meiner Häkelei liegen. Während der Covid-Pandemie habe ich das Hobby aber erst wieder so richtig aufleben lassen, denn ich war auf der Suche nach etwas, das man gut zu Hause während des Lockdowns tun konnte. In dieser Zeit habe ich mir alles selbst über YouTube-Videos oder Häkel-Blogs beigebracht.

Was hat dich dazu gebracht, deine Häkelprojekte öffentlich zu zeigen?

Als ich während der Covid-Pandemie angefangen habe, nach Anleitungen für Kleidungsstücke zu suchen, fiel mir auf, dass es moderne Anleitungen meist nur auf Englisch gibt. In Deutschland denken die meisten Menschen immer noch an Häkeldeckchen oder -vorhänge, wenn man vom Häkeln spricht. So kam mir die Idee, moderne Häkeldesigns auch für den deutschen Sprachraum anzubieten und Häkeln wieder „cool" zu machen. Und so wurde meine Instagram-Seite „Modernemasche" geboren.

Welches (Groß-)Projekt willst du irgendwann in der Zukunft mal umsetzen?

Als Designerin an einem Buch mitwirken zu dürfen, war eins meiner Projekte, das ich mir für die Zukunft vorgenommen hatte. Dass ich so schnell schon die Möglichkeit dazu bekommen habe, hätte ich mir nicht erträumen können. Ansonsten gibt es momentan keine konkreten Projekte, an denen ich arbeite. Meine Designs entstehen immer recht spontan, wenn mich etwas inspiriert hat. Gerne würde ich in Zukunft einmal eine ganze Kollektion entwerfen, in der alle Teile zueinander passen. Aber damit lasse ich mir noch etwas Zeit.

Gibt es einen Fun-Fact über dich?

Ein Fun-Fact über mich ist, dass ich neben Unmengen an Wolle auch unglaublich viele Pflanzen besitze. Vor Kurzem habe ich einmal durchgezählt und konnte 45 Stück zählen. Jedes Mal, wenn ich in den Baumarkt oder einen Pflanzenladen fahre, hat mein Freund Angst, dass ich mit einer neuen Pflanze zurückkomme.

Welches **Styling** passt am besten zu deinen Tops?

Das Styling bleibt dir komplett selbst überlassen, denn du trägst das Top am Ende und musst dich darin wohlfühlen! Das Tanktop Marina sowie das One Shoulder-Top Livia lassen sich wunderbar im Alltag tragen und du kannst sie mit deinen Lieblings-Alltagsteilen kombinieren. Das Neckholder-Top Chloe sowie das Bralette Bella zeigen etwas mehr Haut und sind daher auch wunderbare Begleiter für die nächste Sommerparty und ein Festival.

Welches war bisher dein Lieblings-Häkelprojekt?

Mein Lieblings-Häkelprojekt war mein One-Shoulder-Top Livia, welches du auch in diesem Buch findest. Dies war mein allererstes Häkeldesign und daher verbinde ich sehr viele positive Emotionen damit. Ich weiß noch, wie aufgeregt ich war, dass andere Leute nun mein Design nachhäkeln, und wie es mich bis heute mit so viel Freude erfüllt, wenn ich fertige Tops sehe.

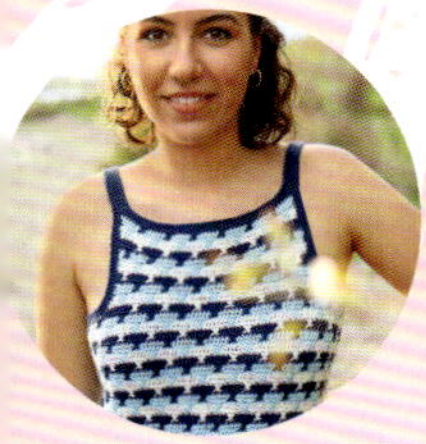

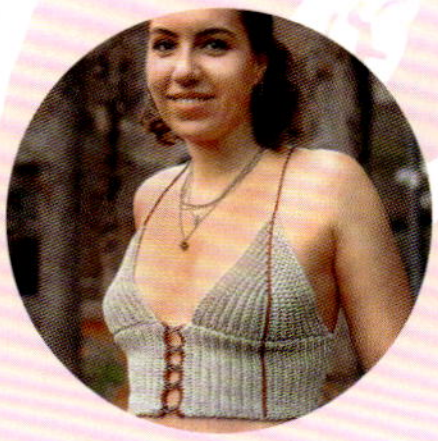

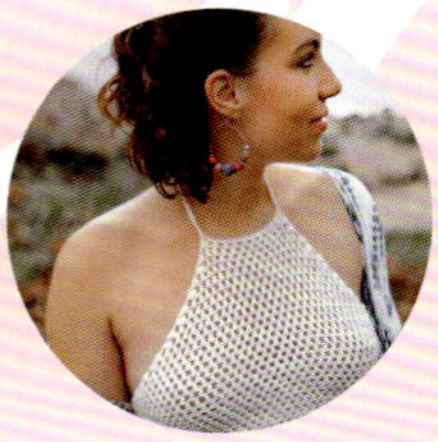

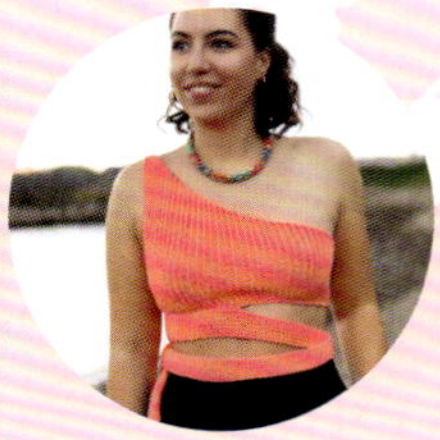

Warum hast du diese vier Tops ausgewählt?

Ich habe bei den vier Tops darauf geachtet, dass zwei dabei sind, die etwas mehr abdecken und von allen getragen werden können, während die anderen beiden etwas mehr Haut zeigen und sommerlich luftig sind. Bei meinen Designs ist es mir immer sehr wichtig, dass ich sie entweder für alle Größen (XS–5XL) kalkuliere, oder du sie individuell an deinen Körper anpassen kannst. Dies ist bei den vier Designs gegeben.

Gibt es in deiner Familie oder deinem Freundeskreis noch mehr Häkelfreunde?

Tatsächlich bin ich in meiner Familie und meinem Freundeskreis die Einzige, die häkelt. Allerdings sind meine Mutter und meine Schwester ebenfalls sehr kreativ. Meine Mutter hat meine Schwester und mich schon immer kreativ gefördert, sodass wir immer etwas zusammen gebastelt oder gemalt haben.

Marina

Alltagstaugliches Tanktop mit ausgefallenem Streifenmuster

SCHWIERIGKEITSGRAD

✱✱✱

GRÖSSE

Diese Anleitung ist für neun Größen wie folgt geschrieben: XS (S, M, L, XL) (2XL, 3XL, 4XL, 5XL). Achte darauf, dass du nur die Angaben für deine Größe beachtest. Wenn nur eine Angabe angegeben ist, gilt sie für alle Größen.

Die Tabelle zeigt die Maße des fertigen Tanktops. Das Top ist so konzipiert, dass es mit normaler oder einer etwa 5 – 10 cm engeren Weite getragen werden kann. Wähle eine Größe, bei der der fertige Brustumfang 5 – 10 cm kleiner ist als dein tatsächlicher Brustumfang. Du kannst auch eine Größe wählen, bei der der fertige Brustumfang deinem tatsächlichen Brustumfang entspricht, um eine entspanntere Passform zu erhalten.

MATERIAL

Twister Solid von Hobbii (55 % Baumwolle, 45% Acryl), je 1 (1, 1, 1, 1) (1, 2, 2, 2) Knäuel in Natural White, Royal Blue und Dark Denim

Häkelnadel (3 mm)

Vernähnadel

Maschenmarkierer

Maßband

HINWEIS

Du benötigst etwas mehr Garn der Farbe, mit der du den Rand, den Halsausschnitt und die Träger häkelst.

MASCHENPROBE

X-Muster mit Häkelnadel 3 mm:
23 Maschen x 18 Reihen = 10 x 10 cm

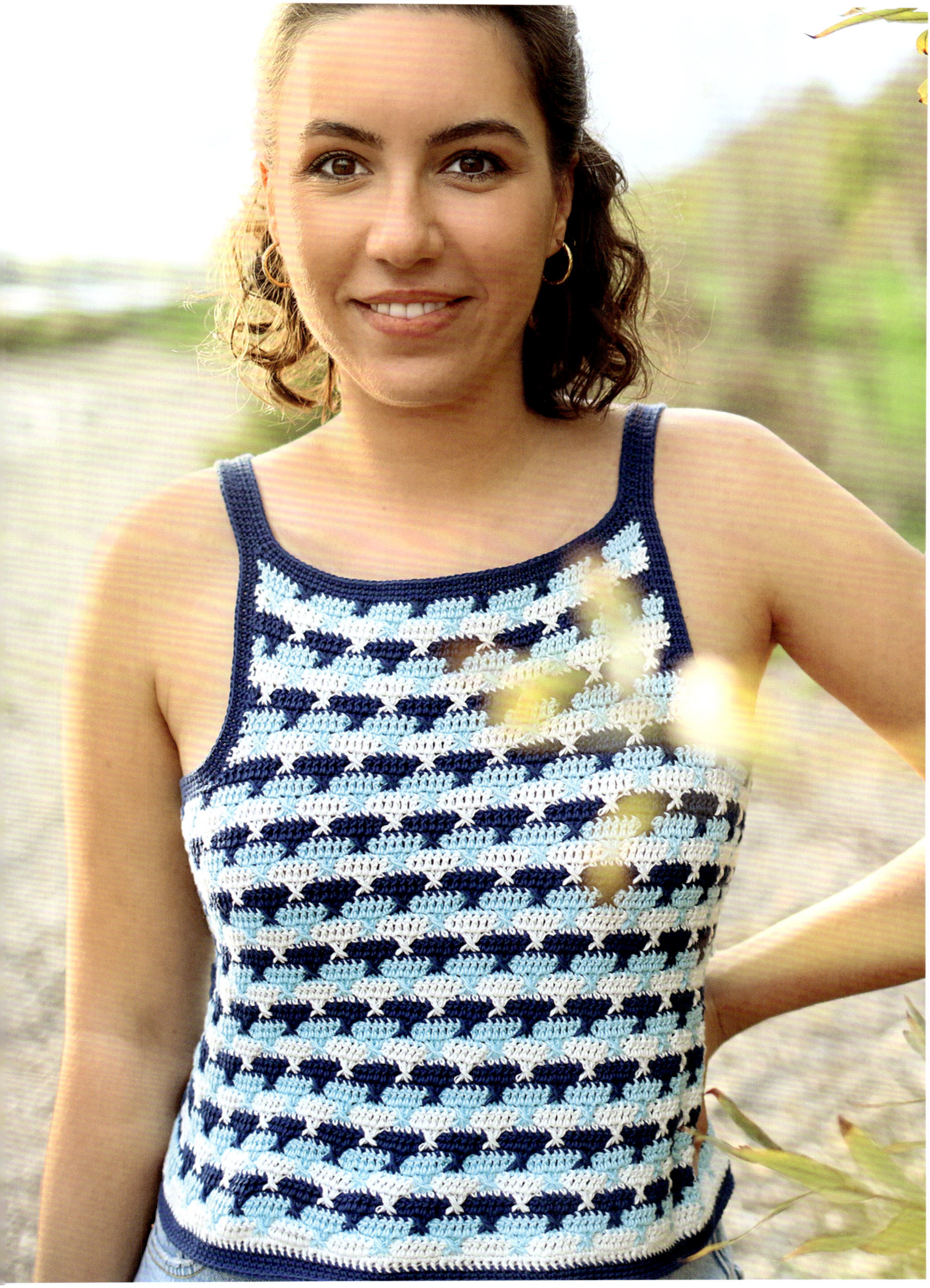

MUSTER

Fußschlingenanschlag: Mache einen Anfangsknoten und häkle 2 LM. Steche die Häkelnadel durch die erste gehäkelte LM durch. Achte darauf, dass du durch beide Maschenglieder durchstichst. Faden holen. Du hast 2 Schlaufen auf der Nadel. Faden holen und durch die erste Schlaufe ziehen. Du hast immer noch 2 Schlaufen auf der Nadel. Faden holen und durch beide Schlaufen auf der Nadel ziehen. Du hast noch 1 Schlaufe auf der Nadel. Deine 1. M des Fußschlingenanschlags ist fertig gearbeitet. Da wo die Nadel anliegt, handelt es sich um die „Oberseite". Steche die Nadel nun durch die M auf der gegenüberliegenden Seite von der Nadel, also auf der „Unterseite". Steche durch beide Maschenglieder der M. Du gehst nun genauso vor wie am Anfang. Hole den Faden und ziehe ihn durch die M. Dann den Faden erneut holen und durch die erste Schlaufe ziehen. Du hast 2 Schlaufen auf der Nadel. Faden holen und durch die nächsten 2 Schlaufen ziehen. Du hast 1 Schlaufe auf der Nadel. Wiederhole die Schritte, bis du die für das Top benötigte Anzahl an M angeschlagen hast.

1

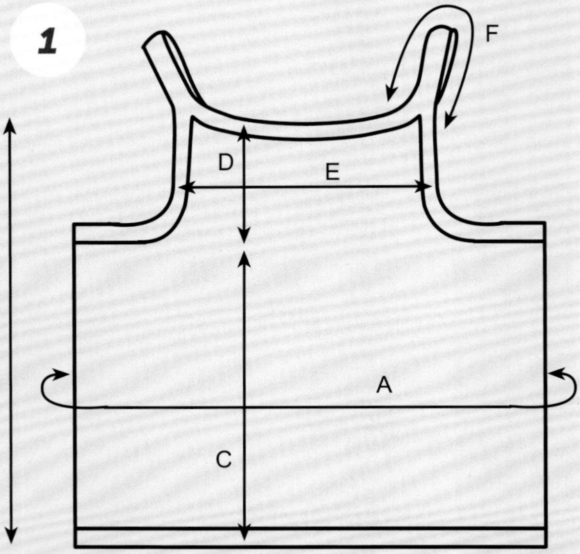

X-Muster

Nach Häkelschrift arbeiten. Es sind Hin- und Rückreihen dargestellt. Die Maschen sind so angegeben, wie sie gearbeitet werden. In den Rückreihen liest du die Maschen entsprechend von links nach rechts. Arbeite zuerst die 1. bis 3. Reihe, dann die 4. und 5. Reihe, dann wiederholst du die 2. und 3. Reihe und die 4. und 5. Reihe abwechselnd.

Merke: Die Grundreihe (Fußschlingenanschlag) ist in der Häkelschrift als Luftmaschen-R abgebildet und stellt nicht die 1. Reihe dar. Diese beginnt erst nach der Grundreihe.

(in cm) *	Dein Brustumfang	A: Fertiger Brustumfang	B: Gesamtlänge **	C: Körperlänge ***	D: Latzlänge inkl. oberer Saum	E: Latzbreite inkl. Saum	F: Trägerlänge
XS	71–76	69	36	26,5	11	24	12
S	81–86	76	37	27,5	11	27,5	12
M	91–96	90	39	28,5	12	27,5	14
L	101–106	96	40	29,5	12	27,5	14
XL	111 – 117	110	44,5	32	14,5	34	14,5
2XL	122–127	117	46	33	14,5	34	14,5
3XL	132–137	131	49	35	15,5	38	15
4XL	142–147	138	50	36,5	15,5	38	15
5XL	152–158	152	53,5	38,5	16,5	38	16

** Die Werte sind auf den nächsten halben cm gerundet.*
*** Gemessen vom oberen Halsausschnitt bis zum unteren Rand des Tops (inkl. Saum)*
**** Gemessen von der Achselhöhle bis zum unteren Rand (inkl. Saum)*

Vorderes Reliefstäbchen

Nach Häkelschrift arbeiten. Das Stäbchen wie gewohnt mit einem Umschlag beginnen. Anstatt wie gewohnt in die nächste Masche einzustechen, arbeitest du das Stäbchen um den Maschenkörper der entsprechenden festen Masche der vorletzten Reihe.

2 fM zusammen häkeln: Um 2 feste Maschen zusammenzuhäkeln, stichst du die Nadel erst in die erste Masche, dann gleich in die nächste Masche. Faden holen und durch die Maschenglieder ziehen, und die feste Masche ganz normal beenden.

Farbwechsel

Das Muster wird aus drei Farben gearbeitet, die immer nach zwei Reihen gewechselt werden. Ausnahme: Die ersten 3 Reihen, d.h. die Grundreihe und die nächsten beiden Reihen werden mit der gleichen Farbe gearbeitet, bevor der Farbwechsel beginnt. Wechsle die Farbe immer, nachdem du eine Reihe feste Maschen gearbeitet hast (2. oder 4. Reihe in der Häkelschrift), indem du die neue Farbe mit der letzten Masche verbindest. Bei jedem Farbwechsel schneidest du den vorherigen Faden ab. Der Saum, die Träger sowie der Halsausschnitt werden mit der Farbe deiner Wahl gearbeitet. Ich empfehle dir, nicht die Farbe zu verwenden, mit der du die ersten 3 Reihen gearbeitet hast, sodass sich der Saum farblich abhebt.

„Richtige" und „falsche" Seite

Die „richtige" Seite ist die, bei der das X-Muster zu erkennen ist und damit die kleinen Kreuze, die dadurch entstehen, zu sehen sind. Die „falsche" Seite ist dementsprechend die Rückseite des Tops.

SO WIRD'S GEMACHT

Dieses Tanktop wird in zwei gleichen Teilen gearbeitet, die an den Seiten zusammengenäht werden. Dann arbeitest du in Runden, um den Saum zu umhäkeln, um die Träger herzustellen, und um Träger und Halsausschnitt zu umhäkeln.

Vorder- und Rückenteil (2 x)

Grundreihe: Ein ca. 61 cm langes Fadenende zum Vernähen der Seiten übriglassen, 79 (87, 103, 111, 127) (135, 151, 159, 175) M im Fußschlingenanschlag anschlagen.

1. R: (1. R. der Häkelschrift) 1 Wendeluftmasche, in der ersten M von der Nadel starten, fM in jede M bis zum Ende der R häkeln [79 (87, 103, 111, 127) (135, 151, 159, 175) fM], wenden.

2. R: (2. R. der Häkelschrift) 3 Wendeluftmaschen, in der zweiten M von der Nadel starten, Stb in jede M bis zum Ende der R [79 (87, 103, 111, 127) (135, 151, 159, 175) Stb], wenden.

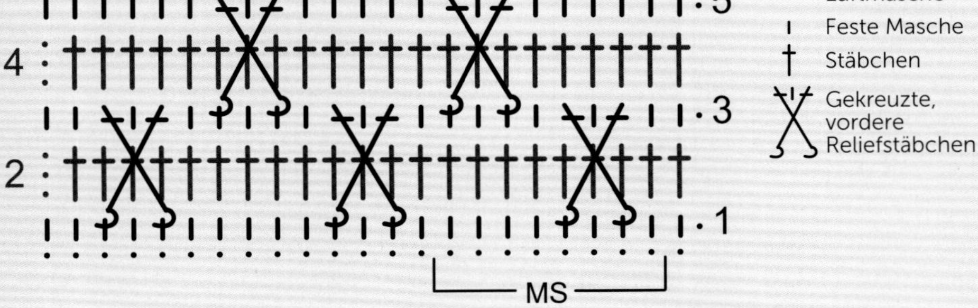

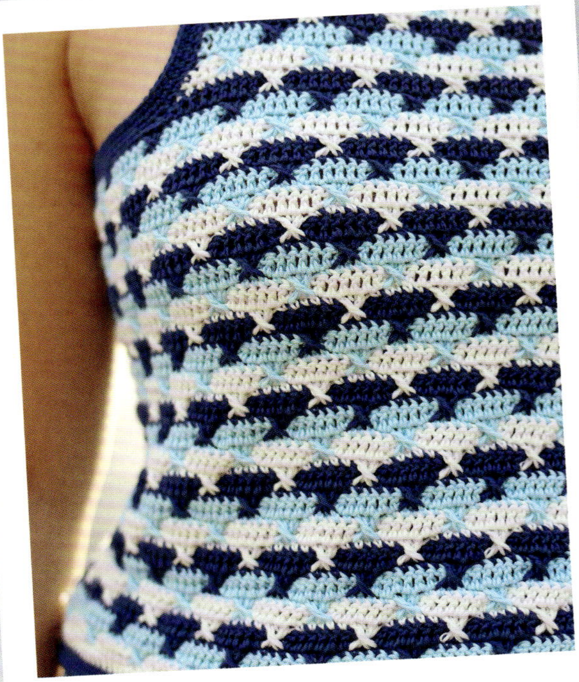

3. R: (3. R. der Häkelschrift) Farbe wechseln, 1 Wendeluftmasche, in der ersten M von der Nadel starten, fM in die ersten 2 M, *vorderes Reliefstäbchen um die fünfte fM der 1. R, nächste M überspringen, fM in die nächste M, vorderes Reliefstäbchen um die dritte fM der 1. R, nächste M überspringen, fM in die nächsten 5 M*; von * bis * bis zum Ende der R gemäß der Häkelschrift wiederholen.

4. R: (4. R. der Häkelschrift) 3 Wendeluftmaschen, in der zweiten M von der Nadel starten, Stb in jede M bis zum Ende der R [79 (87, 103, 111, 127) (135, 151, 159, 175) Stb], wenden.

5. R: (5. R. der Häkelschrift) Farbe wechseln, 1 Wendeluftmasche, in der ersten M von der Nadel starten, fM in die ersten 6 M, *vorderes Reliefstäbchen um die neunte fM der 3. R, nächste M überspringen, fM in die nächste M, vorderes Reliefstäbchen um die siebte fM der 3. R, nächste M überspringen, fM in die nächsten 5 M*; von * bis * bis zum Ende der R gemäß der Häkelschrift wiederholen.

6. R: (2. oder 4. R. der Häkelschrift) 3 Wendeluftmaschen, in der zweiten M von der Nadel starten, Stb in jede M bis zum Ende der R [79 (87, 103, 111, 127) (135, 151, 159, 175) Stb], wenden.

Die 3.-6. R stets wiederholen, bis du insgesamt 42 (44, 46, 48, 52) (54, 58, 60, 64) R gearbeitet hast. Ende mit einer Wiederholung einer Stb-R.

Wenn deine Maschenprobe stimmt, sollte die erreichte Länge nun ca. 23,5 (24,5, 25,5, 26,5, 29) (30, 32, 33,5, 35,5) cm betragen. Dies ist die Höhe deines Tops bis zu den Achseln.

Arbeit nicht beenden, arbeite mit demselben Garn weiter.

TIPP ZUM ANPASSEN

Wenn dein Top länger oder kürzer sein soll als für deine Größe angegeben, füge nach Belieben Reihen im Vielfachen von zwei hinzu oder ziehe welche ab, bis du das gewünschte Maß erreicht hast. Du solltest mit einer Wiederholung einer Stb-Reihe enden. Notiere dir, wie viele Reihen du hinzugefügt oder weggelassen hast, damit du die andere Seite entsprechend häkeln kannst.

Latz Siehe Maße D und E in der Zeichnung. ***(1)***

Als Nächstes setzt du 2 Markierungen, um die Position des Latzes am Vorder- bzw. Rückenteil zu bestimmen. Zähle 16 (16, 24, 28, 28) (32, 36, 40, 48) M von jeder Seite nach innen und setze einen Maschenmarkierer in die nächste M (1 Maschenmarkierer je Seite = 2

Maschenmarkierer insgesamt). Denke daran, dass die 3 Wendeluftmaschen als 1 Stb zählen und du diese daher als 1 M zählst. Das Latzteil, welches bis zu deinem Schlüsselbein reicht, wird zwischen diesen beiden Markierungen gearbeitet.

1. R: [Größe XS, M, 2XL, 3XL]: Wiederhole die 3. R der Häkelschrift (wenn du die Markierung erreichst, setze den Maschenmarkierer in die neue M).

[Größe S, L, XL, 4XL, 5XL]: Wiederhole die 5. R der Häkelschrift (wenn du die Markierung erreichst, setze den Maschenmarkierer in die neue M).

2. R: Keine Wendeluftmasche arbeiten, wenden, KM in jede M, bis 4 M vor der ersten Markierung übrig sind, fM in die nächsten 2 M, HStb in die nächsten 2 M, Stb in die markierte M (Maschenmarkierer in die neue M setzen), Stb in jede M bis zur zweiten Markierung, Stb in die markierte M (Maschenmarkierer in die neue M setzen), HStb in die nächsten 2 M, fM in die nächsten 2 M, KM in jede M bis zum Ende der R, Arbeit beenden (= 47 (55, 55, 55, 71) (71, 79, 79, 79) Stb zwischen den beiden Markierungen).

3. R: [Größe XS, M, 2XL, 3XL]: Die „richtige" Seite oben liegend, den Faden mit der vorletzten M vor der rechten Markierung mit einer KM verbinden, 1 Wendeluftmasche, fM in dieselbe M, fM in die nächste M, fM in die markierte M (Maschenmarkierer in die neue M setzen), fM in die nächsten 5 M, *vorderes Reliefstäbchen um die entsprechende fM der vorletzten R (X-Muster befolgen), nächste M überspringen, fM in die nächste M, vorderes Reliefstäbchen um die entsprechende fM der vorletzten R, nächste M überspringen, fM in die nächsten 5 M*; von * – * bis zur zweiten Markierung wiederholen, die letzte fM in die markierte M arbeiten (Maschenmarkierer in die neue M setzen), fM in die nächsten 2 M.

[Größe S, L, XL, 4XL, 5XL]: Die „richtige" Seite oben liegend, den Faden mit der vorletzten M vor der rechten Markierung mit einer KM verbinden, 1 Wendeluftmasche, fM in dieselbe M, fM in die nächste M, fM in die markierte M (Maschenmarkierer in die neue M setzen), fM in die nächste M, *vorderes Reliefstäbchen um die entsprechende fM der vorletzten R (X-Muster befolgen), nächste M überspringen, fM in die nächste M, vorderes Reliefstäbchen um die entsprechende fM der vorletzten R, nächste M überspringen, fM in die nächsten 5 M*; von * – * bis zur zweiten Markierung wiederholen, die letzte fM in die markierte M arbeiten (Markierer in die neue M setzen), fM in die nächsten 2 M.

4. R: [Für alle Größen] 1 Wendeluftmasche, starte in der zweiten M von der Nadel, HStb in die nächste M, Stb in die markierte M (Maschenmarkierer in die neue M setzen), Stb in jede M bis zur zweiten Markierung (Maschenmarkierer in die neue M setzen), HStb in die nächste M, KM in die nächste M (= 47 (55, 55, 55, 71)(71, 79, 79, 79) Stb zwischen den beiden Markierungen).

5. R: [Größe XS, M, 2XL, 3XL]: Die Farbe nicht wechseln, wenden, starte in die zweite M von der Nadel, KM in die erste M, Farbe wechseln, fM in die markierte M (Maschenmarkierer in die neue M setzen), fM in die nächste M, *vorderes Reliefstäbchen um die jeweilige fM der vorletzten R (X-Muster befolgen), nächste M überspringen, fM in die nächste M, vorderes Reliefstäbchen um die jeweilige fM der vorletzten R, nächste M überspringen, fM in die nächsten 5 M*; von * – * bis zur zweiten Markierung wiederholen, die letzte fM in die markierte M arbeiten (Maschenmarkierer in die neue M setzen).

[Größe S, L, XL, 4XL, 5XL]: Die Farbe nicht wechseln, wenden, starte in die zweite M von der Nadel, KM in die erste M, Farbe wechseln, fM in die markierte M (Markierer in die neue M setzen), fM in die nächsten 5 M, *vorderes Reliefstäbchen um die jeweilige fM der vorletzten R (X-Muster befolgen), nächste M überspringen, fM in die nächste M, vorderes Reliefstäbchen um die jeweilige fM der vorletzten R, nächste M überspringen, fM in die nächsten 5 M*; von * bis * bis zur zweiten Markierung wiederholen, die letzte fM in die markierte M arbeiten (Maschenmarkierer in die neue M setzen).

Für den Rest dieses Abschnitts arbeite zwischen den markierten M hin und her, um den Latz fertigzustellen. Du kannst die Markierungen jetzt entfernen.

6. R: [Für alle Größen] 3 Wendeluftmaschen, starte in der zweiten M von der Nadel, Stb in jede M bis zum Ende der R (= 47 (55, 55, 55, 71) (71, 79, 79, 79) Stb zwischen den beiden Markierungen), wenden.

7. R: Wiederhole die 6. und 7. R, bis du insgesamt 17 (17, 19, 19, 23) (23, 25, 25, 27) R gearbeitet hast (orientiere dich dabei an dem X-Muster entsprechend der Häkelschrift), ende mit einer Wiederholung der 7. R. Wenn deine Maschenprobe stimmt, sollte dein Latz etwa 9,5 (9,5, 10,5, 10,5, 13)(13, 14, 14, 15) cm lang sein.

TIPP ZUM ANPASSEN

Wenn dein Latz länger oder kürzer sein soll als für deine Größe angegeben, wiederhole einfach die 6. und 7. R oder lasse entsprechend Reihen weg, bis du das gewünschte Maß erreicht hast. Du solltest mit einer Wiederholung der 7. R enden.

Seiten vernähen

Bevor du die Seiten zusammennähst, empfehle ich dir, alle Fadenenden vorab zu vernähen. Achte beim Vernähen darauf, die Nähte locker zu halten und nicht zu fest zu ziehen, um eine gewisse Dehnbarkeit zu erhalten. Lege deine Teile mit der „falschen" Seite zu dir zeigend übereinander (die „richtigen" Seite zeigen zueinander nach innen); die Fäden zum Vernähen sollen jeweils auf der gegenüberliegenden Seite liegen. Nähe mit einer Vernähnadel die Seiten der Teile mit der Methode deiner Wahl zusammen. Achte darauf, dass die Reihen des Vorder- und Rückenteils jeweils parallel passend vernäht werden. Arbeit beenden und Fäden vernähen.

Unterer Saum

Mit der „richtigen" Seite zu dir zeigend, das Garn mit einer KM an einer der Seitennähte der Unterkante verbinden. 1 LM, 1 fM in jede M des Randes, bis die erste M erreicht wird (nicht mit einer KM verbinden), die nächste fM direkt in die erste M arbeiten, um eine Spirale zu bilden, in jede M entlang des Randes 1 fM arbeiten, 3 weitere Runden wiederholen oder bis die gewünschte Randbreite erreicht ist. Um den Rand abzuschließen, arbeite in die ersten 3 M der Runde 1 KM. Arbeit beenden.

Träger

Tipp zum Anpassen: Für längere oder kürzere Träger arbeite eine längere oder kürzere LM-Kette als für deine Größe angegeben. Probiere dein Top regelmäßig an, während du diesen Abschnitt häkelst, um sicherzugehen, dass du mit der Passform zufrieden bist.

Mit der „richtigen" Seite zu dir zeigend, das Garn mit einer KM mit einer der Seitennähte in der Mitte der Achsel verbinden, 1 LM, fM in jede M bis zu der Ecke, wo der Latz beginnt, 2 fM zusammen in diese Ecke häkeln, fM gleichmäßig den Rand des Latzes hocharbeiten, bis die obere Ecke erreicht wird. 30 (30, 34, 34, 36) (36, 38, 38, 40) LM anschlagen, fM in die obere Ecke der gegenüberliegenden Seite, fM entlang des Randes des Latzes nach unten arbeiten bis zur Ecke, wo der Latz auf den Unterarmteil trifft, 2 fM zusammen in diese Ecke arbeiten, fM in jede M bis zur ersten fM der Runde, KM in diese erste fM, um eine Spirale zu bilden, fM in jede M rundherum für 3 weitere Runden oder bis zur gewünschten Breite (bedenke, dass sich die Breite des Trägers verdoppelt, nachdem du den Halsausschnitt gearbeitet hast). Wenn du die letzte Runde beendet hast, arbeite KM in die ersten 3 M der Runde. Arbeit beenden. Den zweiten Träger ebenso arbeiten.

Halsausschnitt

Hier fügst du am Halsausschnitt einen dünnen Rand hinzu und verdoppelst gleichzeitig die Breite der Träger.

Bestimme eine Vorder- und Rückseite für dein Top. Leg dein Tanktop flach hin, wobei die Rückseite nach oben zeigt, und verbinde das Garn mit einer KM an der rechten Ecke, wo der Träger befestigt ist. 1 LM, fM in jede M entlang des oberen Randes des Latzes häkeln bis zur gegenüberliegenden Ecke, wo der zweite Träger befestigt ist; in diese Ecke 2 fM zusammenhäkeln, in jede M entlang des Trägers häkeln, bis zum Latz auf der anderen Seite, in diese Ecke 2 fM zusammenhäkeln, fM in jede M entlang des gegenüberliegenden Randes des Latzes häkeln bis zur nächsten Ecke, wo der Träger befestigt ist; in diese Ecke 2 fM zusammenhäkeln, in jede M entlang des Trägers häkeln. Die Runde beenden, indem die erste fM der nächsten Runde direkt in die erste fM der Vorrunde gearbeitet wird Du wendest das Häkelstück also nicht, sondern arbeitest direkt in Runden weiter. Arbeite insgesamt 4 Runden, oder so viele, bis die gewünschte Breite erreicht ist. Arbeit beenden, indem du KM in die ersten 3 M der Vorrunde arbeitest.

Fertigstellung

Alle Fäden vernähen.

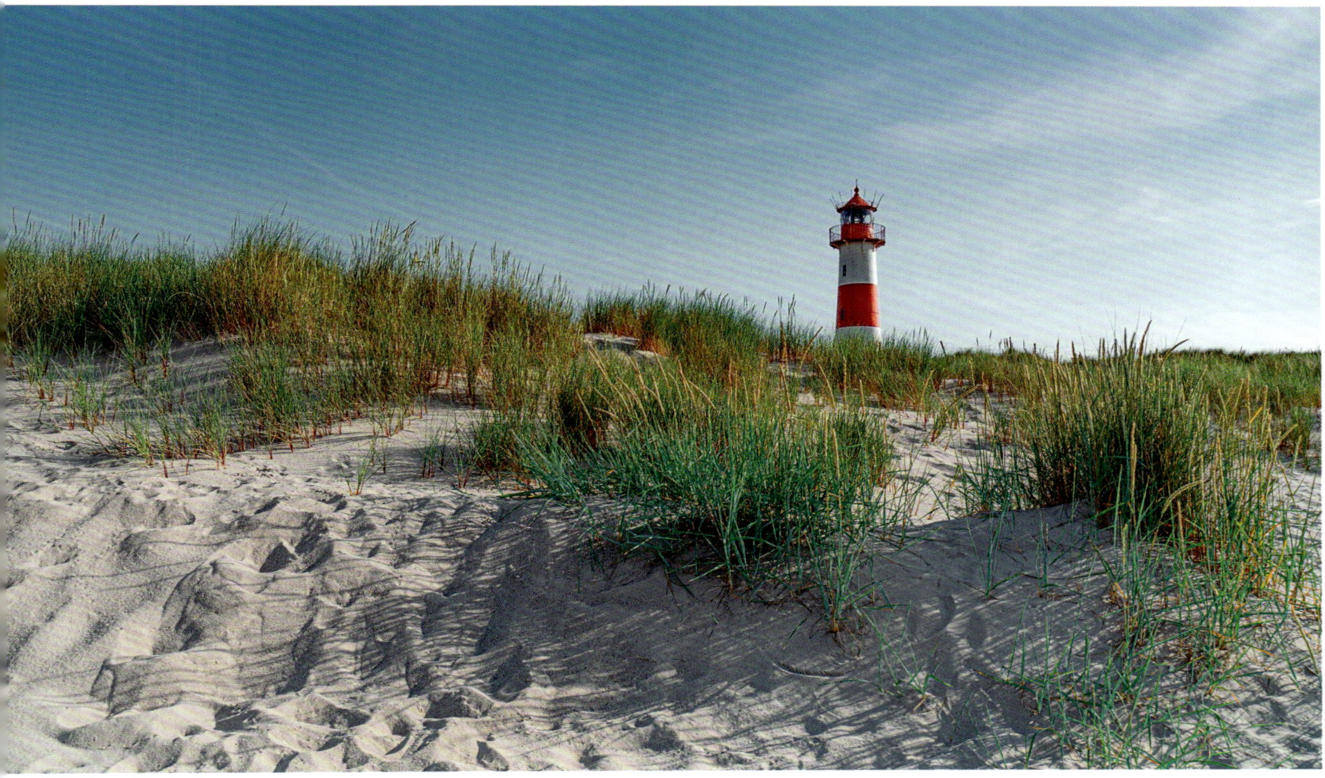

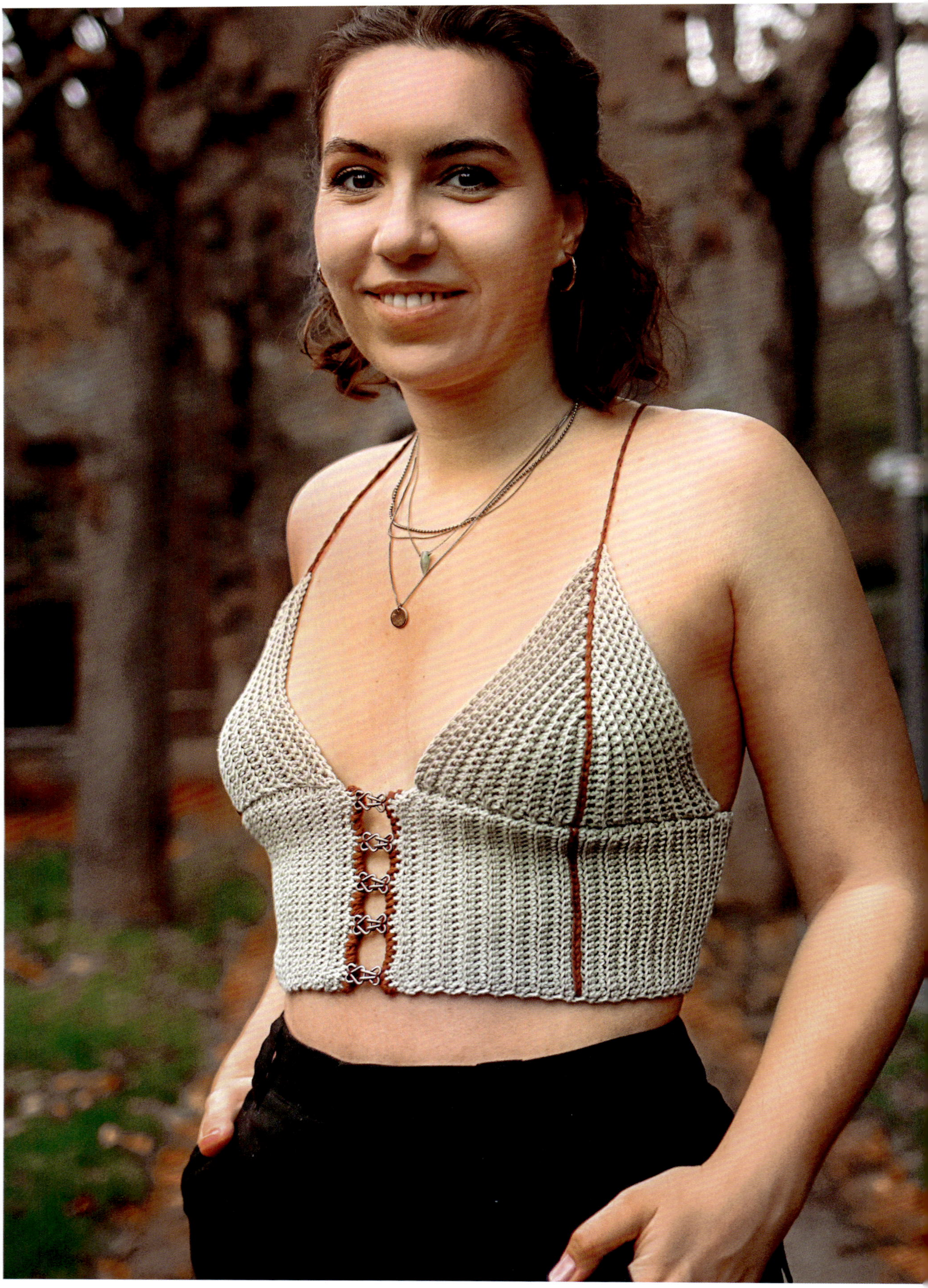

Bella

Sexy Sommertop mit Verschlusshaken vorne

SCHWIERIGKEITSGRAD

✳✳✳

GRÖSSE

Das Top wird nach deinen persönlichen Maßen gehäkelt, daher enthält diese Anleitung keine Größenangaben. Die gewünschten Längen legst du mithilfe der Maße A, B, und C selbst fest.

MATERIAL

Cotton DK von Paintbox Yarns (100 % Baumwolle), 2 (2, 2, 3, 3) (3, 4, 4, 4) Knäuel für die Größen XS (S, M, L, XL) (2XL, 3XL, 4XL, 5XL). Dies ist nur ein Richtwert; die Menge wird leicht variieren, da du nach deinen eigenen Maßen häkelst.

kleine Metallhaken zum Verschließen vorne (Größe ca. 25 x 11 mm)

Häkelnadel (4 mm)

Vernähnadel

Maschenmarkierer

Maßband

MASCHENPROBE

fM im hinteren Maschenglied mit Häkelnadel 4 mm: 13 Maschen x 18 Reihen = 10 x 10 cm

HINWEIS

Da die Anleitung im Tutorial-Style geschrieben ist und nach deinen persönlichen Maßen gehäkelt wird, kannst du auch Garn anderer Stärke verwenden. Die Maschenprobe dient daher nur zur Orientierung.

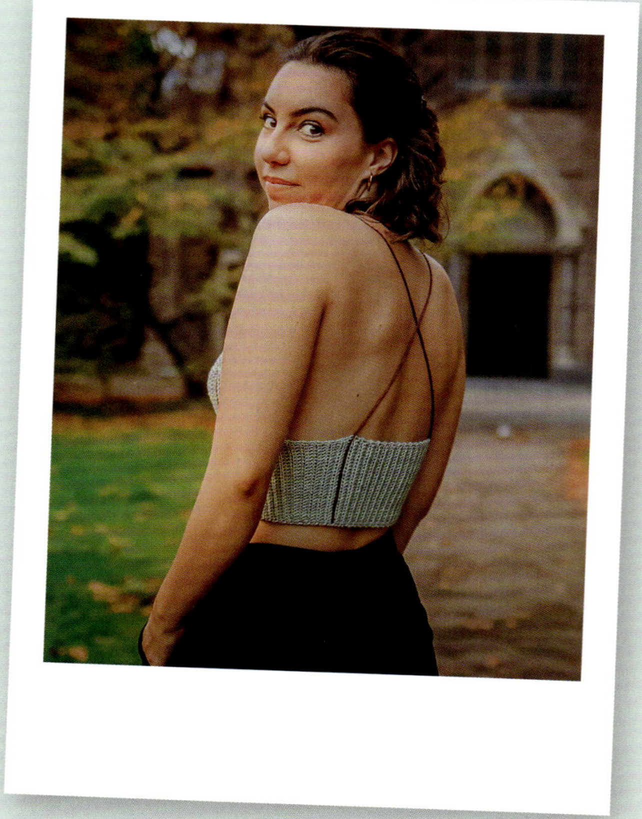

MUSTER

Gedrehte fM

Für die gedrehte feste Masche wird die Nadel in die nächste M gesteckt, eine Schlaufe hochgezogen (beide Schlaufen auf der Nadel locker lassen), die Nadel gegen den Uhrzeigersinn gedreht (die Schlaufen bleiben auf der Nadel), der Faden geholt und durch beide Schlaufen gezogen. Es kann etwas schwierig sein, den Faden nach der Drehung durch die Schlaufen zu ziehen. Daher ist es wichtig, dass beide Schlaufen vor der Drehung etwas größer sind als normal. Wenn es anfangs etwas seltsam aussieht, arbeite noch ein paar verdrehte feste Maschen und dehne den Stoff leicht – das zieht die Maschen in die richtige Position.

SO WIRD'S GEMACHT:

Dieses Bralette wird aus 3 Teilen gearbeitet: zwei identische Körbchen und ein Unterteil, die zusammengenäht werden. An jedem Körbchen werden zwei Träger angebracht und das Bralette wird vorne mit kleinen Haken geschlossen.

Messe mit einem Maßband die Maße (siehe Abmessungen) für dein Top an deinem Körper ab, notiere sie und lege diese Maße dann an entsprechender Stelle der Häkelarbeit zugrunde.

Abmessungen

Maß A: Länge von der Unterseite deiner Brust bis zur Mitte deiner Brust, der Brustwarze.

Maß B: Länge von der Unterseite der Brust bis zu der Stelle am Bauch, bis zu der das Unterteil reichen soll. Die Länge ist dir überlassen.

Maß C: Körperumfang um den Brustkorb knapp unter der Brust minus ca. 2 cm. Damit das Unterteil später straff um deinen Körper sitzt, ziehe es auseinander, wenn du es anprobierst. Es wird später vorne mit Haken zusammengehalten.

Körbchen (2x):

LM entsprechend der Länge von Maß A anschlagen. Notiere dir die Anzahl der LM für das zweite Körbchen.

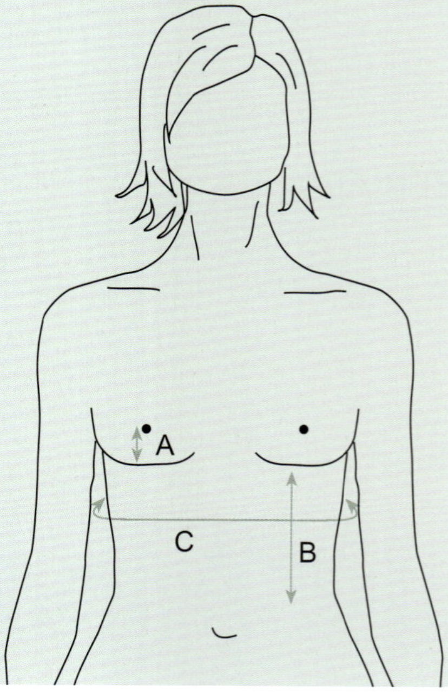

R 1: fM in die zweite LM von der Nadel und in jede weitere LM, bis noch eine LM übrig ist. In die letzte LM 3 fM häkeln, die mittlere dieser 3 M mit einem Maschenmarkierer markieren. Diese Markierung kennzeichnet die obere Mitte des Körbchens. Nicht wenden, sondern auf der anderen Seite der LM-Kette weiterhäkeln.

Häkle fM in jede LM der gegenüberliegenden Seite, bis du die letzte LM erreicht hast. Dann sollte deine Arbeit symmetrisch sein, mit der gleichen Anzahl von fM auf jeder Seite der markierten M.

2. R: wenden, 1 Wendeluftmasche, in der ersten M von der Nadel starten, fM in das hintere Maschenglied in die erste M und in jede weitere M bis zur markierten M, 3 fM in das hintere Maschenglied in die markierte M, den Maschenmarkierer in die neue mittlere M dieser 3 fM setzen, fM in das hintere Maschenglied in jede weitere M bis zum Ende der R.

Wiederhole die 2. R, bis die gewünschte Körbchengröße erreicht ist. Je weiter du fortschreitest, desto mehr nimmt dein Körbchen die Form eines Dreiecks an.

TIPP

Ich empfehle, die Körbchen lieber etwas kleiner zu häkeln als zu groß. Wenn die Körbchen kleiner sind, können sie immer noch über die Brust gezogen werden und den Körper umschließen, wenn das Bralette geschlossen wird (und wenn sie zu klein sind, kannst du sie erweitern). Wenn sie jedoch zu groß sind, liegen sie beim Schließen des Bralettes nicht eng am Körper an, und in der Mitte des Körbchens entsteht eine auffällig lose Stelle, die durchhängt und zu groß aussieht.

Letzte R: Wenn du die gewünschte Größe erreicht hast, drehe die Arbeit um und beginne am unteren Rand des Körbchens entlang zu häkeln: 1 Wendeluftmasche, fM gleichmäßig entlang des unteren Randes häkeln (ca. 1 fM für jedes Reihenende), bis die andere Ecke erreicht ist. Lass ein langes Ende übrig, um die Körbchen mit dem Unterteil zu verbinden. Arbeit beenden. Das zweite Körbchen ebenso arbeiten.

Unterteil

LM entsprechend der gewünschten Länge von Maß B anschlagen.

1. R: fM in die zweite LM von der Nadel und in jede LM bis zum Ende der R häkeln.

2. R: wenden, 1 Wendeluftmasche, in der ersten M von der Nadel starten, fM in die erste M, fM in das hintere Maschenglied in jede weitere M, bis noch 1 M übrig ist, fM in die letzte M. 2. R wiederholen, bis die gewünschte Länge erreicht ist (Maß C).

TIPP

Ich empfehle dir, das Unterteil der Bralette um deinen Körper zu spannen und so zu sehen, ob die Breite stimmt. Ziehe das Teil sehr straff, denn es soll eng am Körper anliegen und wird später vorne mit Haken zusammengehalten. Achte darauf, dass zwischen den beiden Enden noch etwas Platz ist (ca. 2 cm). Dort werden später die Haken platziert.

Arbeit beenden. Gegebenenfalls Farbe wechseln, mit der „richtigen" Seite oben liegend den Faden mit einer KM an der rechten Ecke des Saums mit dem Unterteil verbinden. 1 Wendeluftmasche, in der ersten

M von der Nadel starten, in jede M eine gedrehte fM häkeln, bis noch eine M übrig ist, in die letzte M 1 fM ohne Drehung häkeln. Arbeit beenden.

Das Gleiche auf der anderen Seite wiederholen.

Die Körbchen an das Unterteil nähen: Lege das Unterteil und die Körbchen mit der „richtigen" Seite nach oben zeigend vor dich hin. ***(1)*** Befestige die Körbchen mit Maschenmarkierern sauber und gleichmäßig an dem Unterteil. Am besten legst du das Unterteil einmal um deinen Körper und steckst die Körbchen an der richtigen Stelle fest, damit du weißt, wo sie festgenäht werden müssen, um die Brüste zu verdecken. Dann mit einer Vernähnadel die Körbchen am Unterteil festnähen, wobei du die untere Reihe des Körbchens mit der oberen Kante des Unterteils verbindest. Es kann sein, dass die Maschen nicht genau mit jeder Reihe des Unterteils übereinstimmen – mach dir da keine Gedanken: Nähe die Teile so zusammen, dass es so ordentlich wie möglich aussieht.

Hinweis: Bei größeren Körbchen kann es sein, dass sie sich über die gesamte Breite des Unterteils erstrecken. In diesem Fall musst du beim Festnähen ein paar Maschen des Körbchens überspringen, damit die Körbchen vorne in der Mitte bleiben und nicht zu weit nach hinten ragen.

Die Haken an das Unterteil nähen: Platziere die Haken gleichmäßig an den gewünschten Stellen der Kanten des Unterteils. Nähe sie mit Nadel und Faden fest.

Streifen und Träger *(2)*

Die dekorativen Streifen werden erstellt, indem KM aufgehäkelt werden. Du beginnst am unteren Saum, arbeitest bis zur Naht, an der das Unterteil mit den Körbchen verbunden wurde, und setzt die Arbeit auf den Körbchen fort. Die aufgehäkelten KM werden über die kleinen Löcher hinweg gehäkelt, die bei der Erstellung der Körbchen entstanden sind. Ohne die Arbeit zu beenden, werden die Träger mit demselben Faden gehäkelt.

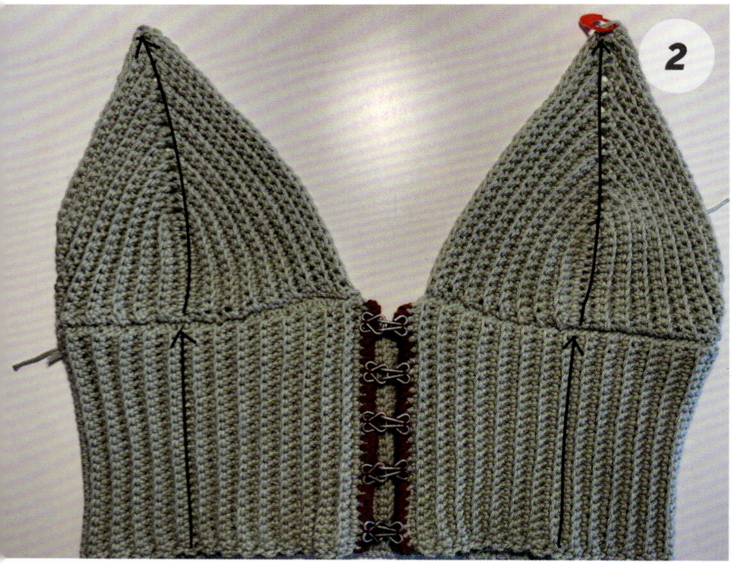
2

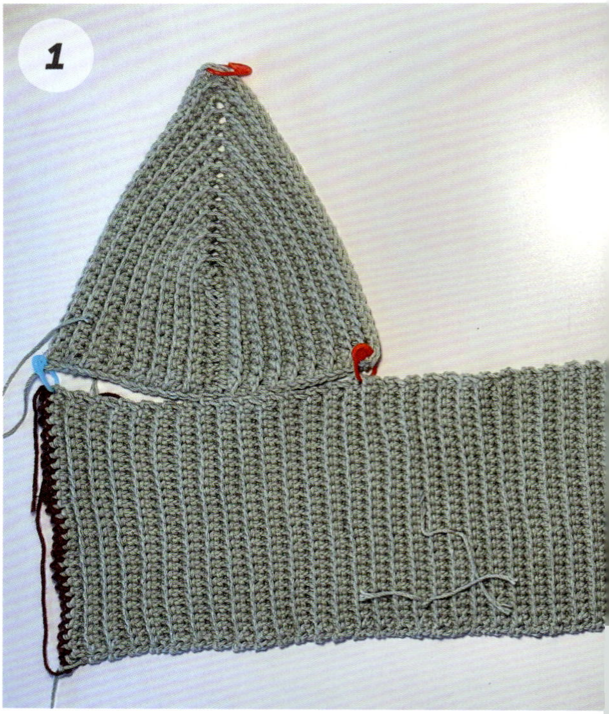
1

Wenn du die Streifen mit KM aufhäkelst, befindet sich der Arbeitsfaden immer auf der Rückseite der Arbeit. Stecke die Nadel durch das Unterteil und beginne am unteren Saum. Für den nächsten Schritt kannst du entweder eine Schlaufe hochziehen, oder du beginnst direkt mit einem Knoten auf deiner Nadel. Sobald du deine Nadel durch das Unterteil gesteckt hast, ziehe den Faden hoch. Der Faden befindet sich auf der Rückseite. Stecke deine Nadel in das nächste „Loch". Ziehe den Faden durch das Unterteil, dann durch die Schlaufe auf der Nadel und beende die KM. Fahre so fort, bis du die Spitze des Körbchens erreicht hast. Arbeite die letzte KM in die M der oberen Kante des Körbchens (markierte M). Arbeit nicht beenden, sondern direkt mit den Trägern fortfahren.

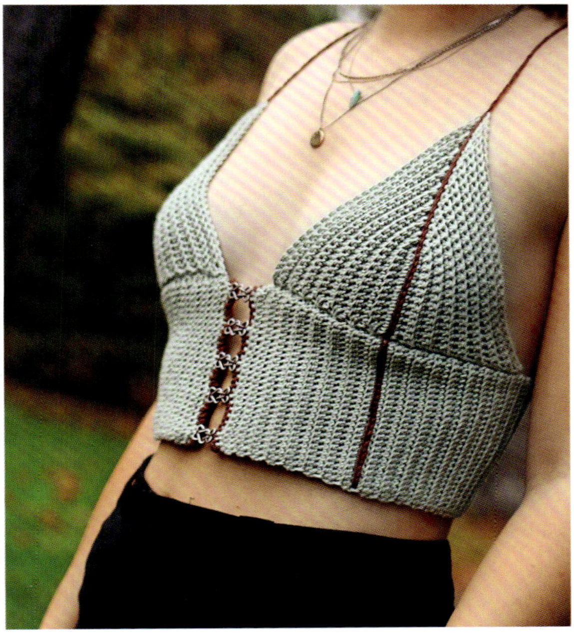

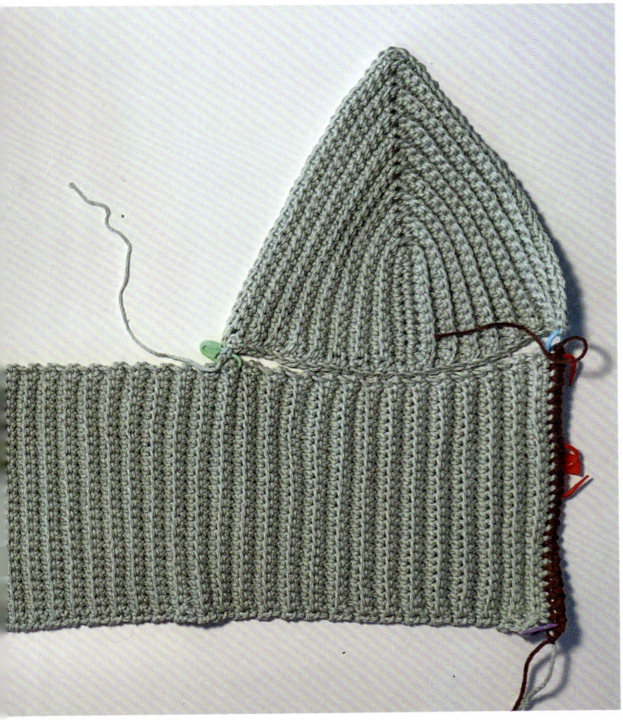

Träger

Arbeite so viele LM wie nötig, um die für dich passende Länge der Träger zu erzielen. Am besten probierst du dazu deine Bralette an. Verbinde dann den Träger mit einer KM mit dem oberen Saum des hinteren Unterteils.

TIPP

Achte darauf, dass der Träger nicht verdreht ist. Wo genau der Träger enden soll, ist dir überlassen. Ich habe mich für überkreuzte Träger entschieden, aber du kannst auch normale Träger erstellen.

Arbeit noch nicht beenden, sondern wie bei der Vorderseite KM auf die Rückseite des Tops häkeln, bis du den unteren Saum erreichst. Arbeit beenden. Den zweiten Träger ebenso arbeiten. Hinweis: Je nach Garn können die Träger etwas ausleiern.

Ich empfehle, die Träger daher lieber etwas kürzer als länger zu häkeln, damit sie auch dann noch Halt bieten, wenn sie etwas nachgeben.

Fertigstellung

Alle Fäden vernähen.

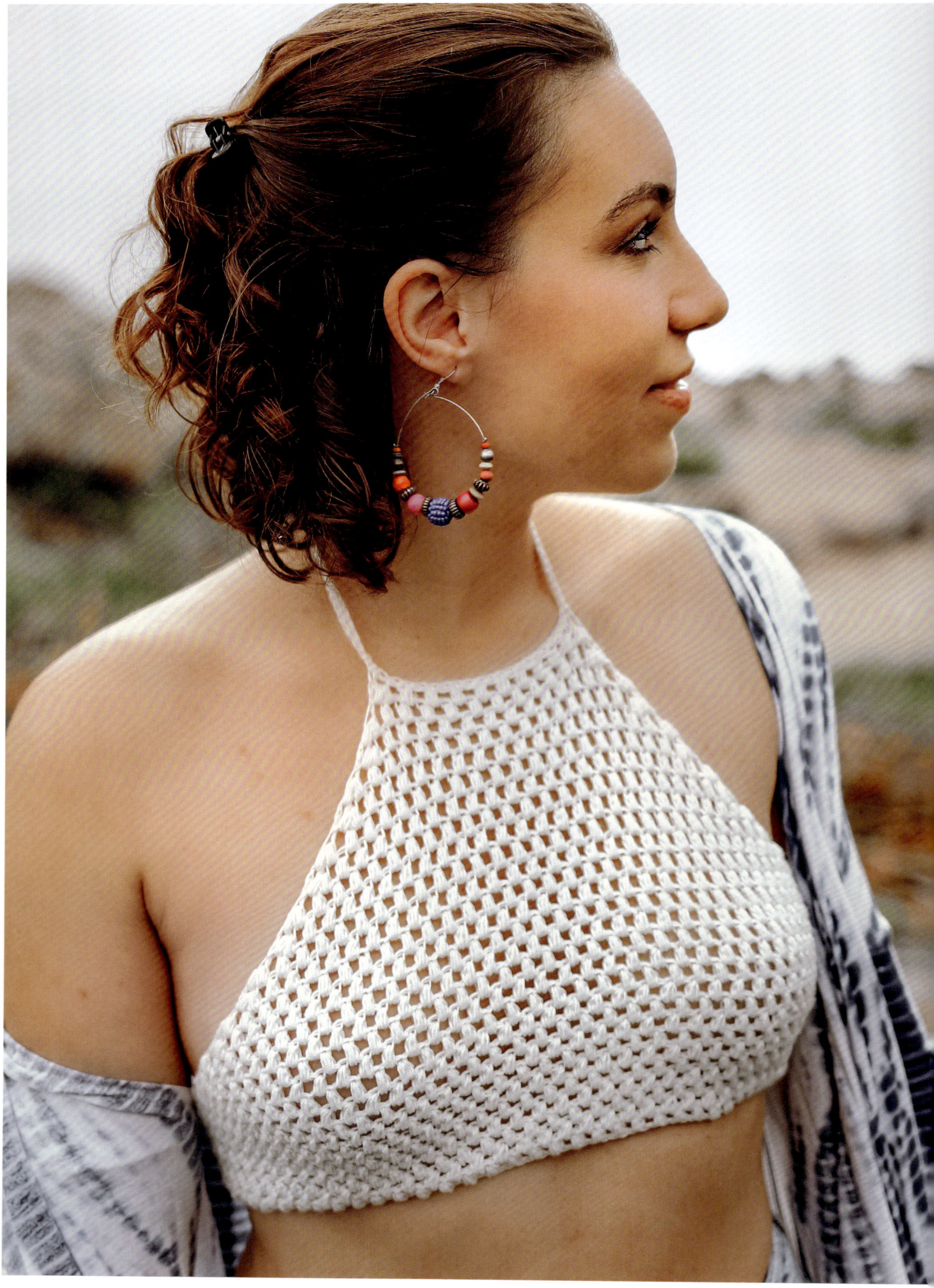

Chloe

Luftiges Sommertop mit Band zum Binden im Nacken und Rücken

SCHWIERIGKEITSGRAD

✷✷✷

GRÖSSE

Das Top wird nach deinen persönlichen Maßen gehäkelt, daher enthält diese Anleitung keine Größenangaben. Die Anleitung eignet sich für Größen bis einschließlich XL.

MATERIAL

Twister Solid von Hobbii (55 % Baumwolle, 45 % Acryl), 1 Knäuel in Natural White

Häkelnadel (3,5 mm)

Vernähnadel

Maßband

MASCHENPROBE

Büschelmaschen mit Häkelnadel 3,5 mm: 10 Maschen x 13 Reihen = 10 x 10 cm

HINWEIS

Hinweis zu dem Garn und der Maschenprobe: Da die Anleitung im Tutorial-Style geschrieben ist und nach deinen persönlichen Maßen gehäkelt wird, kannst du auch Garn anderer Stärke verwenden. Die Maschenprobe dient daher nur zur Orientierung.

MUSTER

Büschelmaschen

Maschenzahl teilbar durch 2 plus 4 Wendeluftmaschen. Nach Häkelschrift arbeiten. Es sind Hin- und Rückreihen gezeichnet. Die Maschen sind so dargestellt, wie sie gearbeitet werden. Die Pfeile geben jeweils die Hin- und Rückreihen an. Jede Reihe wird mit 3 Wendeluftmaschen begonnen. In den Rückreihen die M entsprechend von links nach rechts lesen. Die Büschelmaschen werden jeweils in die LM-Lücken gearbeitet, die durch das Häkeln der LM zwischen zwei Büschelmaschen in der Vorreihe entstanden

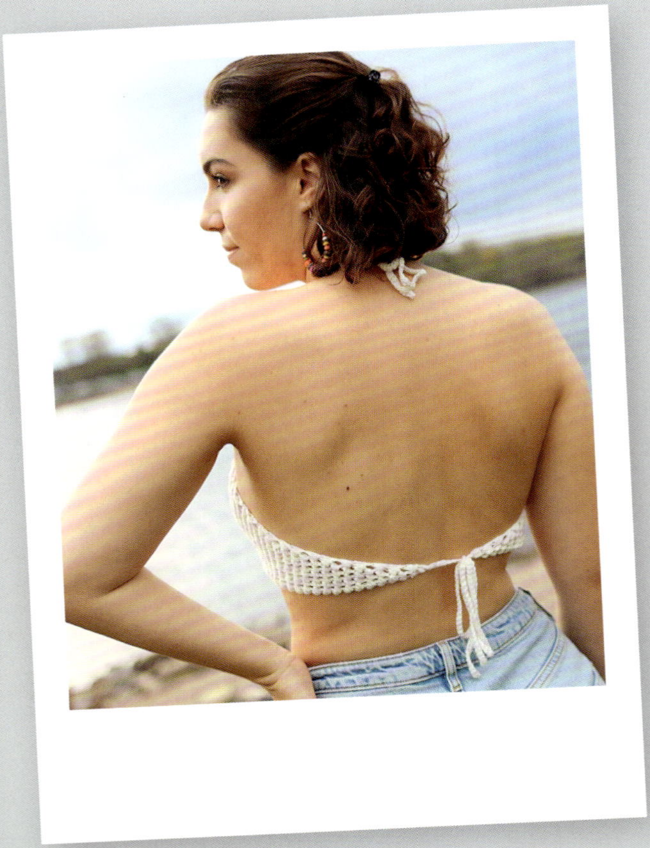

sind. Die Büschelmaschen werden jeweils um diese LM gearbeitet, nicht in diese LM.

SO WIRD'S GEMACHT

Das Neckholder-Top ist ganz schnell und einfach gemacht. Zunächst wird lediglich das Büstenteil im Büschelmaschen-Muster gehäkelt, wobei am Anfang und Ende einer Reihe jeweils eine Büschelmasche abgenommen werden, sodass die Abschrägung entsteht. Am Schluss werden die Bänder für den Nacken und den Rücken gehäkelt.

Büstenteil

Miss deinen Unterbrustumfang und ziehe 5-10 cm davon ab.

LM entsprechend des Unterbrustumfangs anschlagen. Die Anzahl der LM muss teilbar durch 2 plus 4 Wendeluftmaschen sein.

Häkle eine R Büschelmaschen

Ab der 2. R werden am rechten und linken Rand Büschelmaschen abgenommen. Dazu werden am Anfang einer R 2 Büschelmaschen in die erste und zweite LM-Lücke zusammengearbeitet, indem du die R mit 3 Wendeluftmaschen beginnst und mit einer Büschelmasche in der ersten LM-Lücke der Vorreihe beginnst. Du schließt die Büschelmasche aber nicht ab, d. h. du ziehst den Faden nicht durch die 7 M auf der Nadel, sondern arbeitest direkt die nächste Büschelmasche in die nächste LM-Lücke der Vorreihe. Du endest, indem du den Faden durch alle 13 M auf der Nadel ziehst. Am Ende einer R nimmst du auf die gleiche Weise wie am Anfang der R ab, indem du 2 Büschelmaschen in die vorletzte und letzte LM-Lücke der Vorreihe zusammenarbeitest. Achte am Ende einer R darauf, dass du die

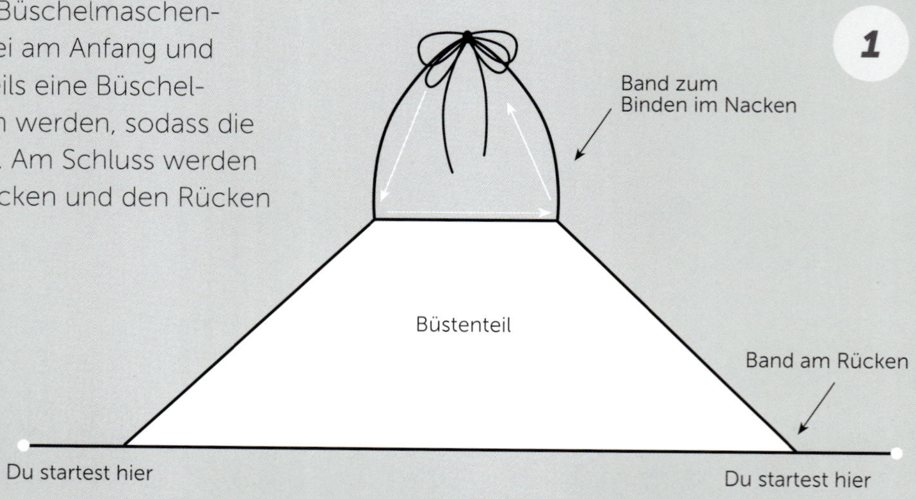

Wendeluftmaschen der Vorreihe als eine M bzw. LM-Lücke verwendest und die letzte Büschelmasche in diese Lücke arbeitest.

Häkle so viele R, bis die gewünschte Länge des Tops erreicht ist. Das Top beginnt unterhalb der Brust und sollte bis etwa zum Schlüsselbein reichen.

HINWEIS

(Speziell für Größe XS und S): Jeder Körper ist anders. Daher kann es für kleinere Größen ausreichend sein, nur am Anfang oder nur am Ende einer R, oder nur in jeder zweiten R, Büschelmaschen abzunehmen. Andernfalls kann es sein, dass das Top zu schnell zu schmal wird.

Orientiere dich im Folgenden an der Zeichnung. ***(1)***

Band zum Binden im Nacken

Für das Band zum Binden im Nacken wird ein langes Band gehäkelt, welches direkt mit dem oberen Rand des Büstenteils verbunden wird. Die beiden Seiten der Bänder müssen so lang gehäkelt werden, dass sie später zu einer Schleife gebunden werden können. Der Zeichnung 1 entsprechend LM in der gewünschten Länge eines der Enden des Bandes anschlagen. Folge dem Pfeil bis zu der Ecke des oberen Randes des Büstenteils und verbinde deine LM-Kette mit der Ecke des Tops mit einer KM. fM entlang der oberen Kante arbeiten, bis das andere Ende erreicht ist. LM entsprechend der anderen Seite häkeln, sodass du zwei gleich lange Bänder auf jeder Seite hast. Wenden, beginnend in der 2. LM von der Nadel 1 fM in jede LM arbeiten, bis der Rand erreicht ist. Achte darauf, dass die LM-Ketten nicht verdreht sind und dass du so beginnst, dass du den Rand auf der Innenseite erreichst. Arbeite 1 fM in jede M des Randes sowie in jede M der anfänglichen LM-Kette.

Band am Rücken

Es werden 2 Bindebänder benötigt, welche jeweils mit den unteren Kanten des Büstenteils verbunden werden. Beide Seiten müssen lang genug sein, damit am Ende eine Schleife im Rücken gebunden werden kann. Der Zeichnung ***(1)*** folgend LM in der gewünschten Länge einer der Seiten anschlagen. Verbinde diese LM-Kette mit einer KM mit einer der Ecken des unteren Saums des Büstenteils. Wenden, beginnend in der 2. LM von der Nadel 1 fM in jede LM bis zum Ende der LM-Kette arbeiten.

Das zweite Band auf der anderen Seite ebenso arbeiten, sodass zwei gleiche Bänder zum Zusammenbinden entstehen.

Fertigstellung

Alle Fäden vernähen.

· Luftmasche
Büschelmasche
Zwei Büschelmaschen zusammengearbeitet

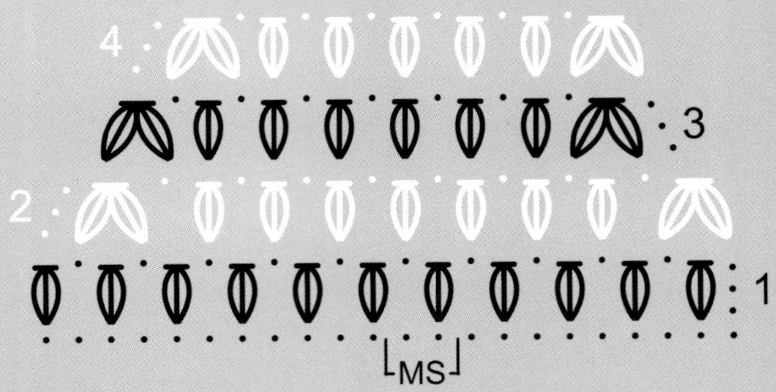

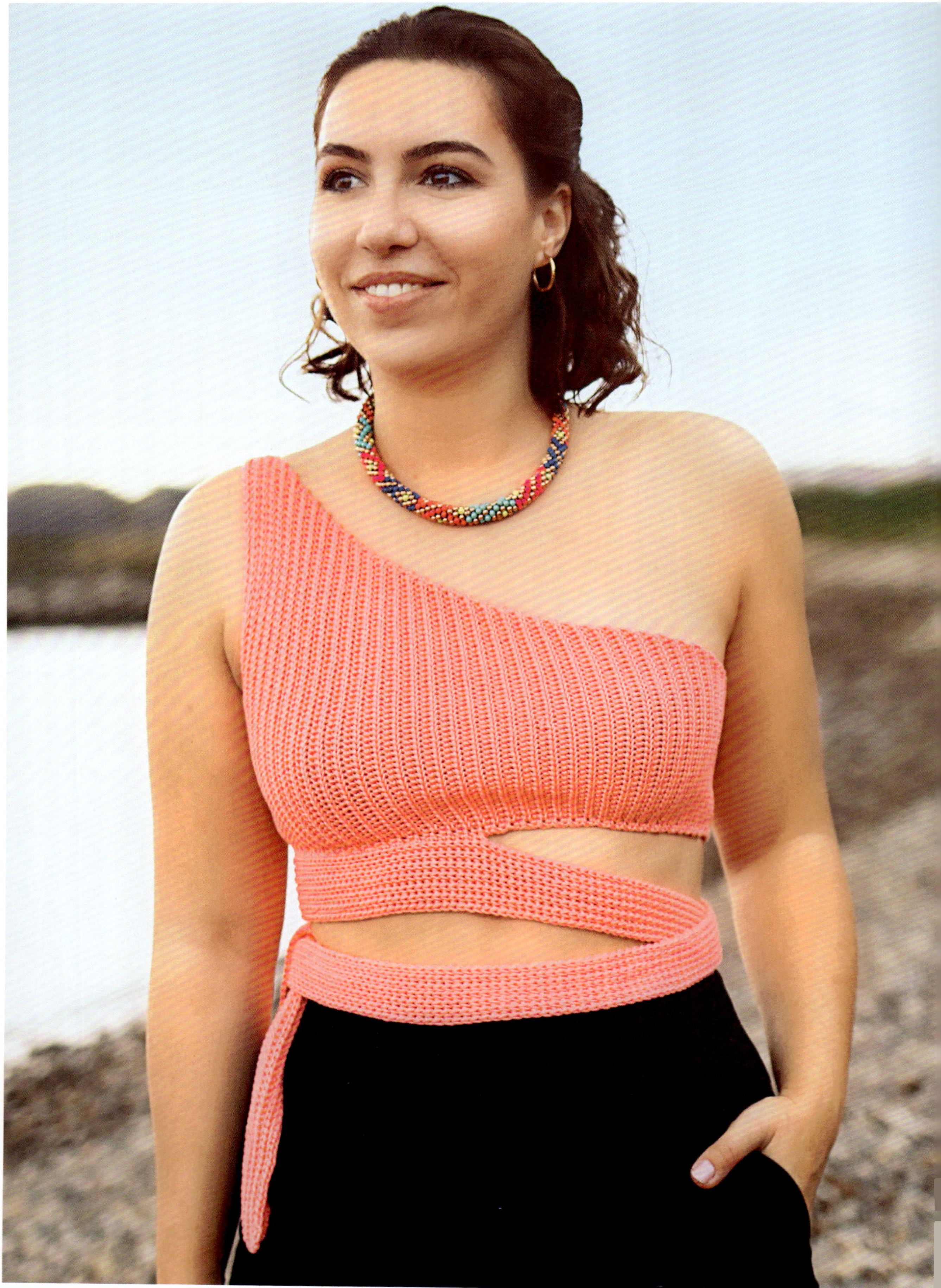

Livia

One-Shoulder-Top mit Gürtel, welcher deine Taille in Szene setzt

SCHWIERIGKEITSGRAD

✶✶✶

GRÖSSE

Das Top wird nach deinen persönlichen Maßen gehäkelt, daher enthält diese Anleitung keine Größenangaben. Die gewünschte Länge, Breite und Höhe legst du mithilfe der Maße A, B, C und D selbst fest. Miss dazu mit einem Maßband die Maße für dein Top an deinem Körper ab, notiere sie und lege diese Maße dann an entsprechender Stelle der Häkelarbeit zugrunde.

Maß A gibt die Höhe des Tops ohne den Gürtel vor. Es ist dir überlassen, wie hoch du das Top an dieser Seite haben möchtest. Um das Top nicht zu kurz zu häkeln, nimm dir einen deiner BHs zur Hilfe. Das Top sollte hier mindestens so hoch sein wie dein BH-Cup.

Maß B gibt die Breite deines fertigen Tops inkl. Armausschnitt an. Diese Breite entspricht der Breite deines Oberkörpers. Beachte, dass das Grundmuster sehr dehnbar ist. Wenn du das Top zum Checken der Größe an deinen Oberkörper hältst, dehne es weit auseinander, damit es später eng anliegt.

Maß C gibt die Höhe deines Tops an der höchsten Stelle ohne Gürtel an. Das Top wird auf einer Schulter geschlossen und reicht bis unter die Brust. Der Gürtel fügt am Ende noch Länge hinzu.

Maß D ist die Höhe des Gürtels und ergänzt die Länge des Tops.

Maß E: Höhe der extra Maschen, die angeschlagen werden, um das Schulterteil

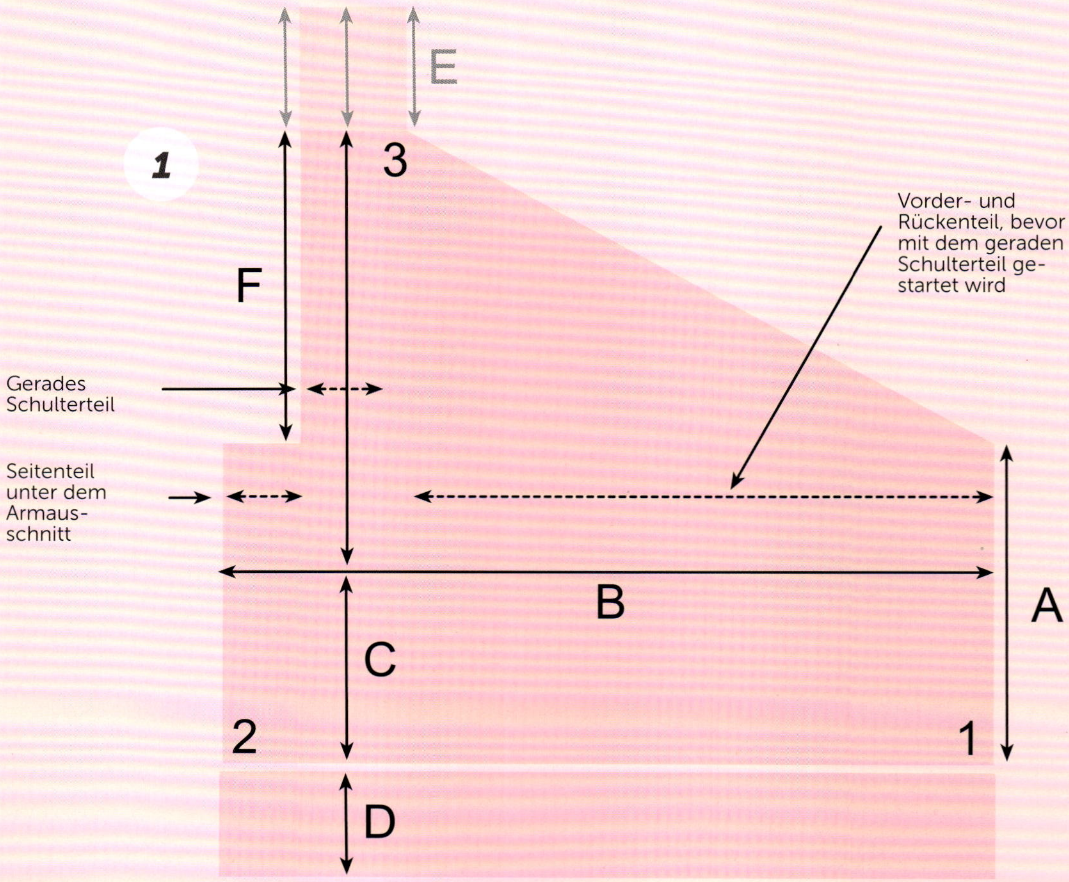

zu verlängern. Siehe Details hierzu im Laufe der Anleitung. (Hinweis: Dieses Maß ist nicht für alle relevant, sondern nur für diejenigen, bei denen die richtige Breite des Tops erreicht ist, das Schulterteil aber noch zu kurz ist, um die Schulter oben drauf zu erreichen.)

Maß F: Differenz der Höhe zwischen dem Seitenteil unter dem Armausschnitt und der Schrägung des Vorder- bzw. Rückenteils, welche bis zu deiner Schulter reicht.

MATERIAL

Mille Fili von Wolle Rödel (100 % Baumwolle), 5 – 6 Knäuel in Lachs

Häkelnadel 3,5 mm (oder passend zu deinem Garn; orientiere dich an dem Garnetikett)

Gummiband

Vernähnadel

Maschenmarkierer

Maßband

MASCHENPROBE

Halbe Stäbchen Kettmaschen mit Häkelnadel 3,5 mm:

24 Maschen x 22 Reihen = 10 x 10 cm

Da die Anleitung im Tutorial-Style geschrieben ist und nach deinen persönlichen Maßen gehäkelt wird, kannst du auch Garn anderer Stärke verwenden. Die Maschenprobe dient daher nur zur Orientierung.

MUSTER

Halbes Stäbchen Kettmasche

Jede Reihe mit einer Wendeluftmasche beginnen. Faden über die Nadel legen, die Nadel in die M einstechen und die Schlinge durch die M ziehen. Es liegen nun drei M auf der Nadel. Ohne den Faden noch einmal zu holen, ziehst du die erste Schlaufe durch die zweite und dritte Schlaufe auf der Nadel.

Halbes Stäbchen Kettmasche in das hintere Maschenglied

Jede Reihe mit einer Wendeluftmasche beginnen. Gehe genauso vor wie bei dem halben Stäbchen Kettmasche, nur dass du die Häkelnadel nicht durch beide Maschenglieder stichst, sondern nur durch das hintere Maschenglied.

„Richtige" und „falsche" Seite

Die „richtige" Seite des Musters ist die Seite, bei der die "V's" nach oben zeigen und ein entsprechender Stricklook imitiert wird. Die „falsche" Seite ist die entsprechende Rückseite.

SO WIRD'S GEMACHT

Zuerst wird das Vorderteil, dann das Rückenteil gehäkelt und anschließend zum Oberteil zusammengenäht. Das Vorder- und Rückenteil werden zunächst quer gehäkelt, dann folgt ein gerades Schulterteil und der Seitenteil unter dem Armausschnitt (siehe Zeichnung 1). Zum Schluss wird der Gürtel (Maß D) an das Oberteil angehäkelt.

Während du beim Vorderteil die Arbeit an Punkt 1 beginnst und an der Seite des Armausschnitts (Punkt 2) endest, wird das Rückenteil gegengleich gehäkelt. Dort beginnst du bei Punkt 2 und endest bei Punkt 1 – siehe Zeichnung. ***(1)***

Orientiere dich im Folgenden an der Zeichnung auf der linken Seite.

Vorderteil

Vorderteil, Schrägung: Luftmaschen plus 1 Wendeluftmasche gemäß deiner gewünschten Höhe (siehe Maß A) anschlagen.

1. R: Über die LM halbe Stäbchen häkeln.

2. R: 1 Wendeluftmasche, 1 halbes Stäbchen Kettmasche in beide Maschenglieder, danach halbe Stäbchen Kettmaschen in das hintere Maschenglied, bis noch 1 M übrig ist, 1 halbes Stäbchen Kettmasche in beide Maschenglieder.

3. R: 1 Wendeluftmasche, 1 halbes Stäbchen Kettmasche in beide Maschenglieder, danach halbe Stäbchen Kettmaschen in das hintere Maschenglied, bis noch 1 M übrig ist, 1 halbes Stäbchen Kettmasche in beide Maschenglieder.

4. R: Jetzt wird für die Schräge mit der Zunahme begonnen, indem am Anfang der R 1 LM gehäkelt wird. 2 Wendeluftmaschen, in der zweiten M von der Nadel starten, 1 halbes Stäbchen Kettmasche in die Luftmasche (= 1 M zugenommen), halbe Stäbchen Kettmaschen in das hintere Maschenglied, bis noch 1 M übrig ist, 1 halbes Stäbchen Kettmasche in beide Maschenglieder.

Die 3. und 4. R stets wiederholen, bis die Spitze der Schräge deiner Schulter erreicht ist – siehe Punkt 3 in Zeichnung. ***(1)***

Ende am unteren Rand des Tops, Arbeit noch nicht beenden. Als Nächstes wird das gerade Schulterteil gehäkelt.

Gerades Schulterteil

Um das gerade Schulterteil zu häkeln, werden weitere Reihen ohne Zunahme gehäkelt.

1. R: 1 Wendeluftmasche, 1 halbes Stäbchen Kettmasche in beide Maschenglieder, danach halbe Stäbchen Kettmaschen in das hintere Maschenglied, bis noch 1 M übrig ist, 1 halbes Stäbchen Kettmasche in beide Maschenglieder.

Die 1. R stets wiederholen, bis das Vorderteil vorne um deinen Körper passt. Achte darauf, das Top weit zu stretchen, wenn du es um deinen Körper spannst, und bedenke, dass noch wenige cm durch den Armausschnitt dazukommen. Ende am unteren Rand des Tops, Faden nicht abschneiden. Als Nächstes wird der Armausschnitt gehäkelt.

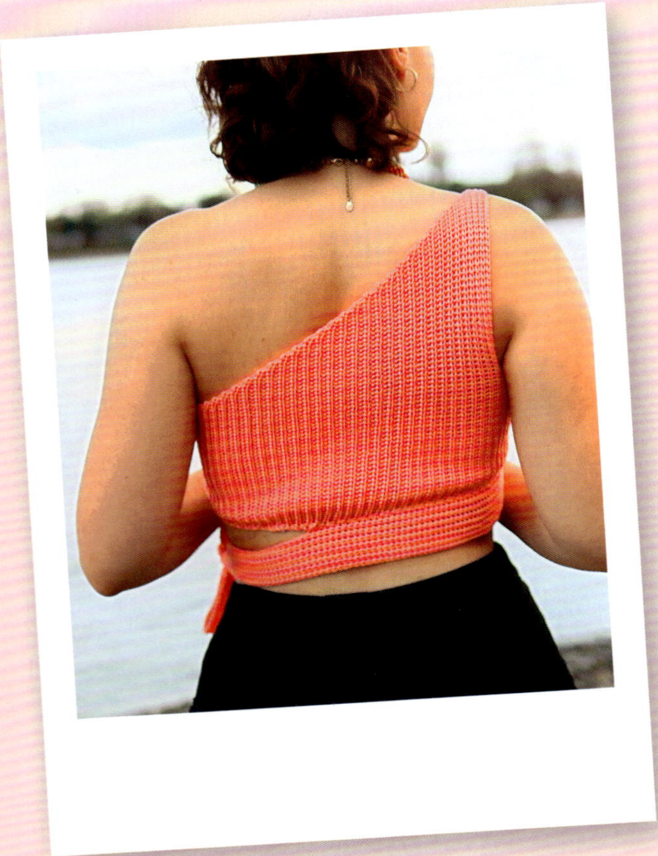

Seitenteil unter dem Armausschnitt

Das Seitenteil unter dem Armausschnitt hat die gleiche Höhe, wie du zu Beginn der Häkelarbeit LM angeschlagen hast (Maß A). Das ist nun die Länge der folgenden 1. R

1. R: 1 Wendeluftmasche, 1 halbes Stäbchen Kettmasche in beide Maschenglieder, danach halbe Stäbchen Kettmaschen in das hintere Maschenglied, bis noch 1 M übrig ist, 1 halbes Stäbchen Kettmasche in beide Maschenglieder.

Die 1. R stets wiederholen, bis die gewünschte Breite für das Seitenteil unter dem Armausschnitt des Vorderteil erreicht ist. Ende am unteren Saum des Tops, Arbeit beenden.

Rückenteil

Wie beschrieben beginnst du beim Rückenteil seitenverkehrt.

Seitenteil unter dem Armausschnitt: Luftmaschen plus 1 Wendeluftmasche gemäß der Länge der Luftmaschenkette zu Beginn des Vorderteils anschlagen.

1. R: Über die LM halbe Stäbchen häkeln.

2. R: 1 Wendeluftmasche, 1 halbes Stäbchen Kettmasche in beide Maschenglieder, danach halbe Stäbchen Kettmaschen in das hintere Maschenglied, bis noch 1 M übrig ist, 1 halbes Stäbchen Kettmasche in beide Maschenglieder.

Die 2. R stets wiederholen, bis die gewünschte Breite für das Seitenteil unter dem Armausschnitt des Vorderteils erreicht ist. Ende am unteren Rand des Tops, Arbeit nicht beenden. Im Anschluss wird das gerade Schulterteil gehäkelt.

HINWEIS

Jeder Körper ist anders und so kann es sein, dass das Top zwar in der Breite passt, die Schräge der Schulter aber noch nicht deine Schulter erreicht hat. In dem Fall kannst du das Häkelstück am Ende verlängern, indem du die 3. R wiederholst und am Anfang der 4. R. nicht nur 2 Wendeluftmaschen, sondern so viele Luftmaschen häkelst, bis du die Schulter erreichst (Maß E). Wende und wiederhole die 4. R. Beginne dann mit dem geraden Schulterteil.

Gerades Schulterteil

1. R: Du befindest dich am unteren Saum des Tops. 1 Wendeluftmasche, 1 halbes Stäbchen Kettmasche in beide Maschenglieder, danach halbe Stäbchen Kettmaschen in das hintere Maschenglied, bis noch 1 M übrig ist, 1 halbes Stäbchen Kettmasche in beide Maschenglieder. Nicht wenden. Schlage LM entsprechend der Höhe deines Vorderteils an, um deine Schulterhöhe zu erreichen (Maß F).

2. R: 1 Wendeluftmasche, halbe Stäbchen Kettmasche in beide Maschenglieder bis zu dem Beginn des Armausschnitts, ab dann halbe Stäbchen Kettmaschen in das hintere Maschenglied, bis noch 1 M übrig ist, 1 halbes Stäbchen Kettmasche in beide Maschenglieder.

3. R: 1 Wendeluftmasche, 1 halbes Stäbchen Kettmasche in beide Maschenglieder, danach halbe Stäbchen Kettmaschen in das hintere Maschenglied, bis noch 1 M übrig ist, 1 halbes Stäbchen Kettmasche in beide Maschenglieder.

Die 3. R stets wiederholen, bis die Breite des geraden Schulterteils des Vorderteils erreicht ist. Ende am unteren Saum des Tops, Arbeit nicht beenden. Als Nächstes wird die Schrägung gehäkelt.

Rückenteil, Schrägung

Beim Vorderteil hast du M zugenommen, um die Schrägung zu erhalten. Beim Rückenteil nimmst du entsprechend M ab.

1. R: Du befindest dich am unteren Saum des Tops: 1 Wendeluftmasche, 1 halbes Stäbchen Kettmasche in beide Maschenglieder, danach halbe Stäbchen Kettmaschen in das hintere Maschenglied, bis noch 1 M übrig ist, 1 halbes Stäbchen Kettmasche in beide Maschenglieder, die letzte M bleibt unbearbeitet.

Beachte: Wenn du die Schulterpartie des Vorderteils verlängert hast, musst du das Gleiche auch am Rückenteil tun. Dann lässt du am Ende der 1. R nicht nur 1 M übrig, sondern so viele M, wie du an der Schulterpartie des Vorderteils zugenommen hast.

2. R: 1 Wendeluftmasche, 1 halbes Stäbchen Kettmasche in beide Maschenglieder, danach halbe Stäbchen Kettmaschen in das hintere Maschenglied, bis noch 1 M übrig ist, 1 halbes Stäbchen Kettmasche in beide Maschenglieder.

Die 1. – 2. R stets wiederholen, bis das Rückenteil die gleiche Breite wie das Vorderteil erreicht hat. Ende am unteren Saum des Tops, Arbeit beenden.

Vorder- und Rückenteil miteinander verbinden

Vernähe das Vorder- und Rückenteil an den Seiten miteinander.

Orientiere dich im Folgenden an der Zeichnung auf der nächsten Seite.

Gürtel

Ziehe das Top an und markiere die Mitte des

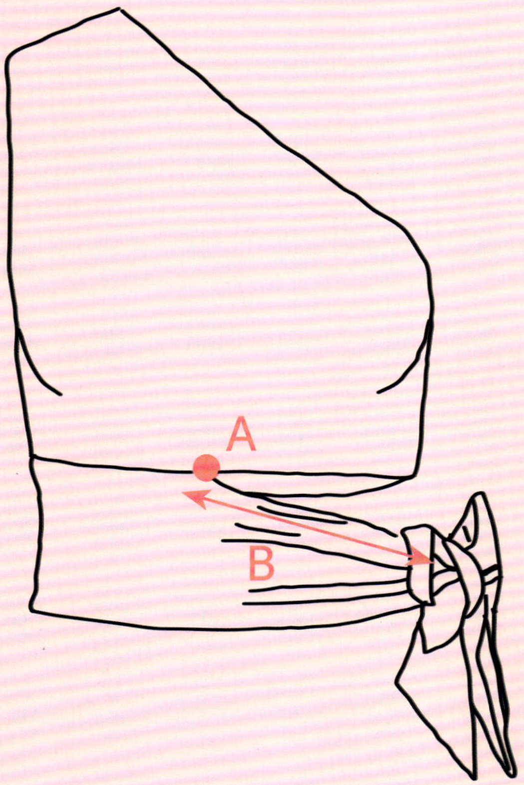

unteren Saums vorne und hinten jeweils mit einem Maschenmarkierer (Punkt A). Die markierte Mitte muss nicht unbedingt die Mitte der Reihen sein, je nachdem, wie sich dein Top dehnt. Den Gürtel kannst du in beliebiger Breite und Länge anfertigen. Damit du am Ende eine schöne Schleife binden kannst, ist allerdings eine entsprechende Länge notwendig: Die beiden Bindeseiten (Maß B) müssen mindestens von der markierten Mitte (Punkt A) bis zur Mitte deines Oberschenkels reichen.

1. R: LM gemäß der gewünschten Länge der ersten Bindeseite (Maß B) des Gürtels anschlagen. Verbinde die Luftmaschenkette mit fM an Punkt A mit deinem Top. Häkle fM in jede R entlang des Saums, bis du die Verbindungsstelle zwischen Vorder- und Rückenteil erreichst. Arbeite fM in die Verbindungsstelle. Arbeite nun fM entlang deines Saums weiter, bis du den zweiten Maschenmarkierer erreichst. Häkle Luftmaschen entsprechend der gewünschten Länge der zweiten Bindeseite (= Anzahl, die du für die erste Bindeseite angeschlagen hast).

2. R: 1 Wendeluftmasche, 1 halbes Stäbchen Kettmasche in jede M bis zum anderen Ende des Gürtels.

3. R: 1 Wendeluftmasche, 1 halbes Stäbchen Kettmasche in beide Maschenglieder, danach halbe Stäbchen Kettmaschen in das hintere Maschenglied, bis noch 1 M übrig ist, 1 halbes Stäbchen Kettmasche in beide Maschenglieder. Die 3. R stets wiederholen, bis die gewünschte Breite des Gürtels (Maß D in Zeichnung 1) erreicht ist. Arbeit beenden.

Gummi einarbeiten

Damit dein Top dir unter der Brust genügend Halt bietet, arbeitest du im letzten Schritt noch ein Gummiband ein. Kremple dein Top auf die „falsche" Seite und ziehe mit deiner Vernähnadel ein Gummiband durch die letzte R vor dem Saum (oberhalb des Gürtels). Ziehe das Top an und ziehe das Gummiband fest. Verknote die beiden Enden und vernähe sie so dass sie nicht mehr sichtbar sind. Das Top wieder umkrempeln.

Fertigstellung

Alle Fäden vernähen.

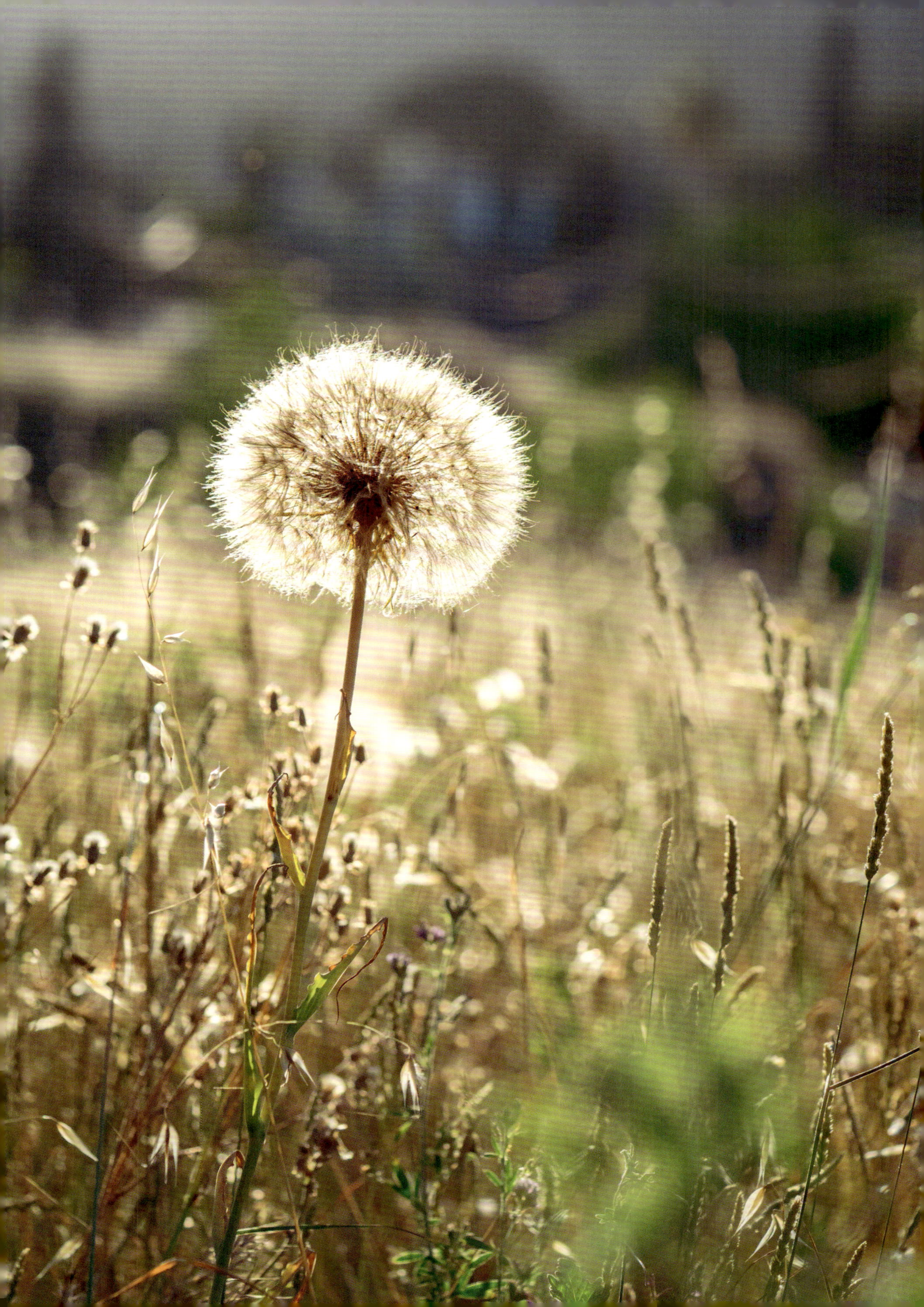

Claudia

Meine Lieblingsmodelle:

Hippie-Look · Tankini Love · Flower-Power · Das kleine Weiße

Mein Name ist Claudia Rieger und ich bin 50 Jahre alt. Ich arbeite in einem großen Gartencenter in der Kreativabteilung. Neben meiner großen Leidenschaft Häkeln spinne ich sehr gerne, natürlich am Spinnrad. Bei uns im Ort spiele ich im Posaunenchor in der zweiten Stimme.

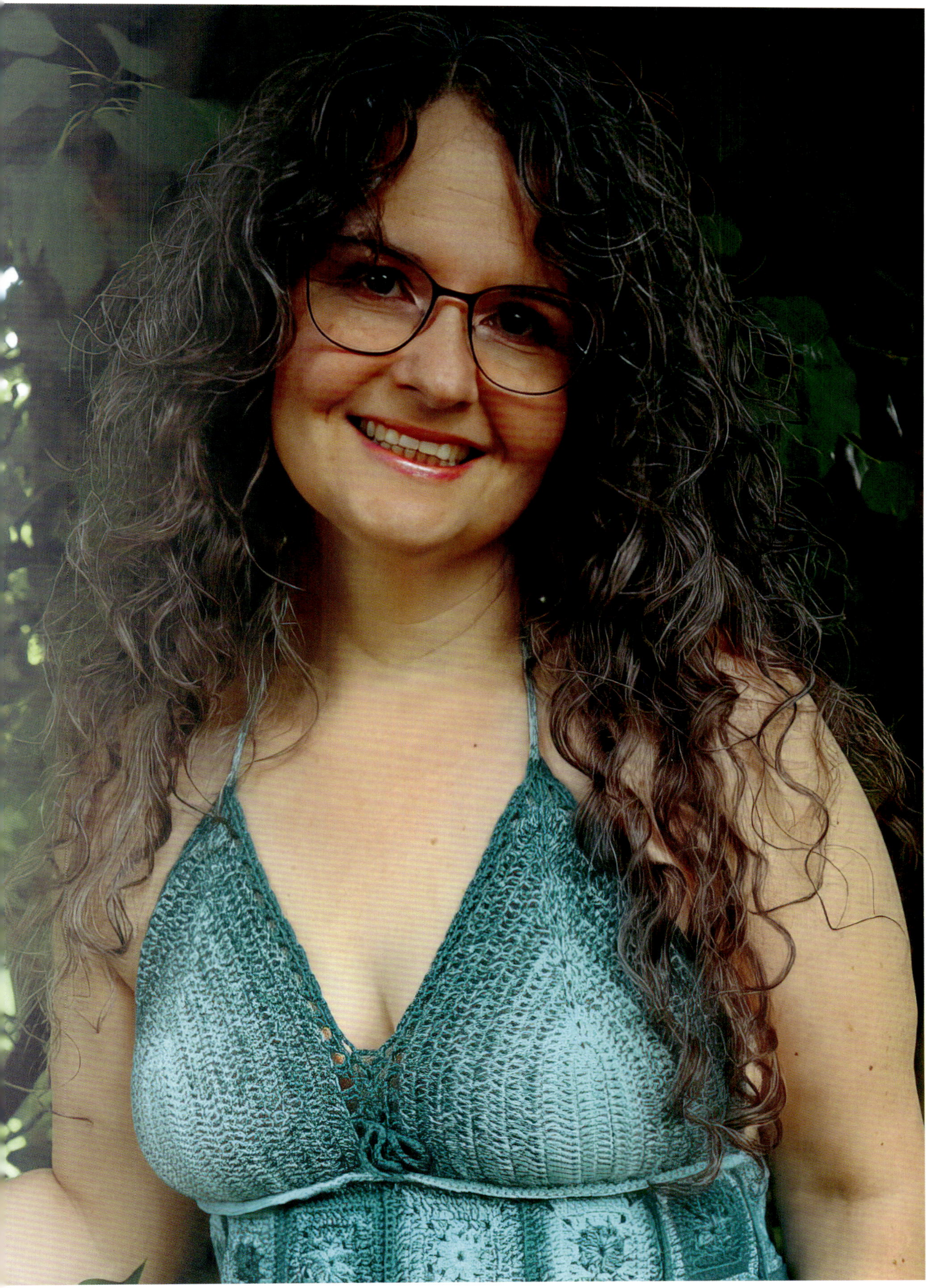

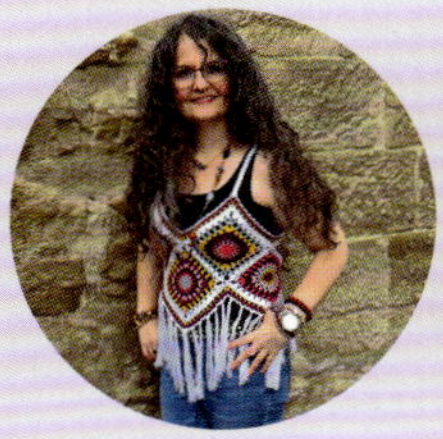 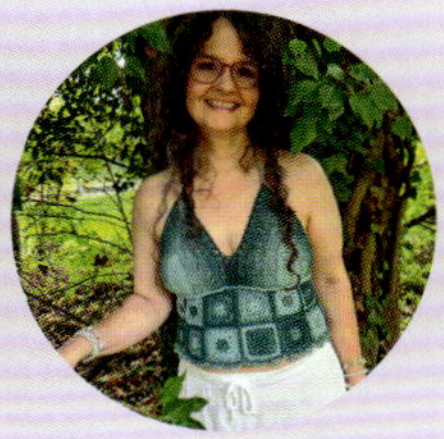 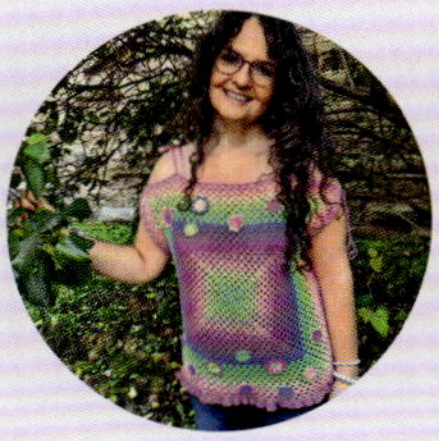 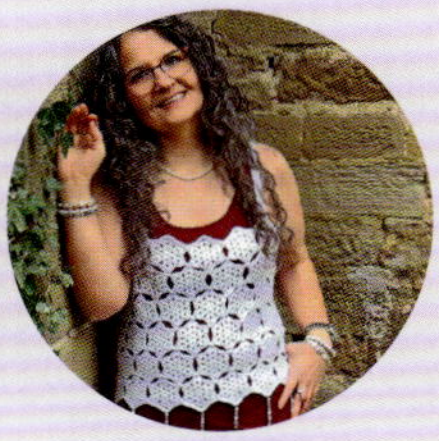

Warum hast du diese vier Tops ausgewählt?

Zwei davon hatte ich bereits vor ein paar Jahren kreiert und wollte sie schon länger mit anderer Wolle häkeln. Beim weißen Top kam mir die Idee einer Blütenjacke, die ich dann als Top entworfen habe. Und warum nicht mal ein Top aus einem großen Granny, das dann auch einfacher zu häkeln ist?

Wann und wie hast du häkeln gelernt?

Häkeln habe ich in der Schule gelernt. Dann wurde es lange Zeit vom Stricken abgelöst. Vor vier Jahren hatte ich einen Unfall und habe meinen linken Ellbogen gebrochen. Um meinen Arm zu schonen, habe ich wieder mit dem Häkeln begonnen, und es fasziniert mich total – ich bin süchtig danach.

Welches (Groß-)Projekt willst du irgendwann in der Zukunft mal umsetzen?

Seit längerer Zeit schwebt mir eine Grannyjacke im Kopf rum, die etwas länger ist und eventuell mit Fransen. Die Wolle dazu habe ich schon. Sie ist gelb/grau, eine Bobbelbox, 3-fädig. Oder wieder eine große Decke – ganz kunterbunt.

Gibt es einen Fun-Fact über dich?

Ich liebe meine grauen, langen Haare und werde sie nie wieder färben. Das bin ich.

An welchem Ort und zu welcher Zeit häkelst du am liebsten?

Auf dem Sofa und in meinem Sessel häkle ich am liebsten und schaue nebenher fern. Na ja, viel bekomme ich oft nicht mit vom Film. Ich häkle gerne, wenn ich frei oder Urlaub habe – am liebsten den ganzen Tag oder wenigstens mittags, sonst abends, nach der Arbeit.

Welches Styling passt am besten zu deinen Tops?

Von sportlich über Hippie-bunt bis zu romantisch.

Welches war bisher dein Lieblings-Häkelprojekt?

Da gibt es mehrere: meine Traumfänger, teilweise mit bis zu einem Meter Durchmesser, die erste Grannyjacke aus meinen zwei ersten Bobbelboxen und eine Grannydecke, die ich aus meinem gesponnenen Garn gehäkelt habe.

Was hat dich dazu gebracht, deine Häkelprojekte öffentlich zu zeigen?

Da es zu meinen Vorlieben gehört, Grannys zu häkeln, es aber nicht viele Bücher dazu gibt, habe ich angefangen, eigene Stücke zu kreieren und entwerfe auch diese Grannys. Ich möchte einfach zeigen, dass Gehäkeltes aus Grannys ganz großartig aussehen kann. Warum nicht in einem Buch? Ich finde das absolut spannend.

Gibt es in deiner Familie oder deinem Freundeskreis noch mehr Häkelfreunde?

Leider nicht viele. Meinen Nichten habe ich das Häkeln beigebracht und ab und zu gehe ich zum Vorsitz in den Nachbarort. Da treffe ich dann Strick- und Häkelfreunde. Ich bin froh, dass es Instagram gibt, um sich auszutauschen und neue Inspirationen zu finden.

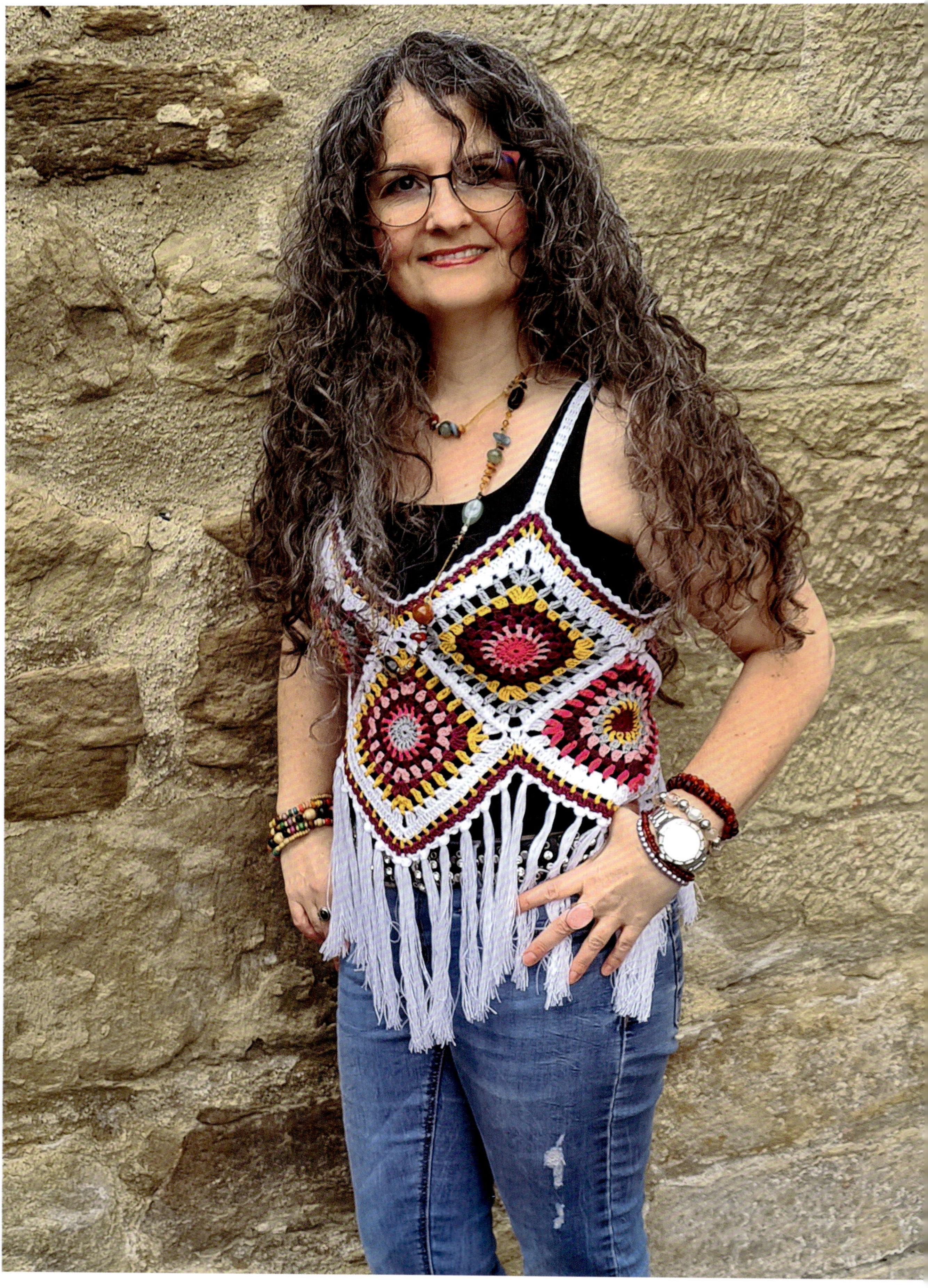

Hippie-Look

Buntes Granny-Fransentop

SCHWIERIGKEITSGRAD

***

GRÖSSE

36/38 und 40/42

Die Angaben für die größere Größe stehen in Klammern oder werden beschrieben. Steht nur eine Angabe, so gilt diese für beide Größen.

MATERIAL

LoLa solo von Garnmanufaktur, 4-fädig (50% Baumwolle/50%Polyacryl), 100 g in Weiß, 50 g in Kurkuma, 50 g in Annemone, 50 g in Fuchsia, 50 g in Brombeere, 50 g in Vino, 50 g in Denim Silber

Häkelnadeln (3 mm und 4 mm)

Vernähnadel

MASCHENPROBE

Häkelnadel 3 mm
Granny Square mit 8 Runden = 14 x 14 cm
Diagonale des Quadrats = 18 cm

TIPP

Das Top sitzt in Größe 36/38 etwas enger; wer es lockerer möchte, mit Häkelnadel 3,5 mm arbeiten.

MUSTER

Granny Square

Nach Häkelschrift 1 und 2 mit einer 3 mm Häkelnadel arbeiten. Insgesamt 8 Grannys (A – H) häkeln.

SO WIRD'S GEMACHT

Die Granny Squares A – H anfertigen:

Mit einem Fadenring beginnen und die 1. Runde in den Ring häkeln.

1. – 8. (1. – 9.) Runde in der angegebenen Farbfolge arbeiten:

Granny A: 1. – 2. Runde in Brombeere, 3. Runde in Kurkuma, 4. Runde in Denim Silber, 5. Runde in Annemone, 6. Runde in Vino, 7. Runde in Fuchsia, 8. (9.) Runde in Weiß.

Granny B: 1. – 2. Runde in Fuchsia, 3. Runde in Annemone, 4. Runde in Brombeere, 5. Runde in Vino, 6. Runde in Kurkuma, 7. Runde in Denim Silber, 8. (9.) Runde in Weiß.

Granny C: 1. – 2. Runde in Denim Silber, 3. Runde in Fuchsia, 4. Runde in Vino, 5. Runde in Annemone, 6. Runde in Brombeere, 7. Runde in Fuchsia, 8. (9.) Runde in Weiß.

Granny D: 1. – 2. Runde in Annemone, 3. Runde in Vino, 4. Runde in Kurkuma, 5. Runde in Fuchsia, 6. Runde in Denim Silber, 7. Runde in Brombeere, 8. (9.) Runde in Weiß.

Granny E: 1. – 2. Runde in Brombeere, 3. Runde in Denim Silber, 4. Runde in Vino, 5. Runde in Kurkuma, 6. Runde in Fuchsia, 7. Runde in Annemone, 8. (9.) Runde in Weiß.

Granny F: 1. – 2. Runde in Vino, 3. Runde in Fuchsia, 4. Runde in Annemone, 5. Runde Kurkuma, 6. Runde in Brombeere, 7. Runde in Denim Silber, 8. (9.) Runde in Weiß.

Granny G: 1. – 2. Runde in Vino, 3. Runde in Fuchsia, 4. Runde in Kurkuma, 5. Runde in Denim Silber, 6. Runde in Annemone, 7. Runde in Brombeere, 8. (9.) Runde in Weiß.

Granny H: 1. – 2. Runde in Kurkuma, 3. Runde in Denim Silber, 4. Runde in Fuchsia, 5. Runde in Brombeere, 6. Runde in Annemone, 7. Runde in Vino, 8. (9.) Runde in Weiß.

TIPP

Jeden Farbwechsel an einer anderen Stelle durchführen, das ergibt ein schöneres Bild. Zwischendurch immer wieder die Fäden vernähen, dann sind es am Schluss nicht so viele.

Fertigstellung

In Weiß die Grannys wie in der Skizze beschrieben zusammenhäkeln. Eine Anfangsschlinge wie für eine Luftmasche bilden. Die Grannys links auf links legen und mit KM in jede LM und jedes Stb verbinden. Beim 1. und letzten Zwischenraum auch eine KM häkeln. Abschließend 1 LM häkeln und den Faden abschneiden. Zum Schluss Granny A und H miteinander verbinden, wie in der Skizze mit den Pfeilen gekennzeichnet.

Für die Umrandung der Grannys beginnen wir mit der Farbe Weiß die erste Reihe. An der unteren Spitze, an der die drei Grannys zusammentreffen, wie in der Häkelschrift 2 beschrieben, beginnen und 3 Stb zusammen abmaschen. In den nächsten LM-Bogen 2 Stb und vor und nach den abgemaschten Stb jeweils 2 Stb häkeln, dann weiter mit Stb häkeln, auch bei der LM. An der oberen Spitze des Grannys in den LM-Bogen der Vorreihe 2 Stb, 2 LM und 2 Stb häkeln. Den Faden abschneiden.

Die nächste Runde in Kurkuma arbeiten. An der unteren Spitze auf der abgemaschten M mit 3 LM beginnen, eine M überspringen, 1 Stb in die folgende M häkeln. 2 LM häkeln, zwei M überspringen und 1 Stb in die 3. M häkeln. In dieser Reihenfolge weiterarbeiten.

Die untere und obere Spitze laut Häkelschrift 2 arbeiten. Die Runde mit einer KM in die 3. LM (Stb) beenden. Den Faden abschneiden.

Weiter in Brombeere arbeiten. 3 LM in die Mitte der unteren Spitze häkeln, 1 Stb in den nächsten LM-Bogen, dann 3 Stb in den folgenden LM-Bogen häkeln. In dieser Reihenfolge weiterarbeiten.

Die untere und obere Spitze laut Häkelschrift 2 arbeiten. Die Runde mit einer KM in die 3. LM (Stb) beenden. Faden abschneiden.

Weiter in Weiß arbeiten. 1 LM (fM) in die Mitte der unteren Spitze häkeln, 2 M überspringen und 1 fM in die 3. M häkeln, 3 LM und eine fM in die 1. LM häkeln (Picot), eine fM in die nächste 3. M häkeln. In dieser Reihenfolge weiterarbeiten.

Die untere und obere Spitze laut Häkelschrift 2 arbeiten. Die Runde mit einer KM in die 1. LM (fM) beenden. Den Faden abschneiden.

Den unteren Rand genauso häkeln.

Träger (2 x)

Die Träger in Weiß arbeiten. Den Anfangsfaden zum Vernähen länger lassen.

5 LM, 1 HStb in die 3. LM häkeln und 2 weitere HStb häkeln. 2 LM häkeln, die Arbeit wenden, 3 HStb häkeln.

44 Reihen auf diese Weise häkeln. Mit einer LM enden und den Faden länger abschneiden.

Die Träger an der Rückseite der oberen Spitzen annähen.

Fransen

Die Fransen in Weiß in ca. 40 cm lange Fäden und 4 x abschneiden, in der Mitte falten und mit einer 4 mm Häkelnadel an den unteren Rand (in die Picots) anknüpfen. Jeweils ein Picot überspringen und eine weitere Franse anknüpfen.

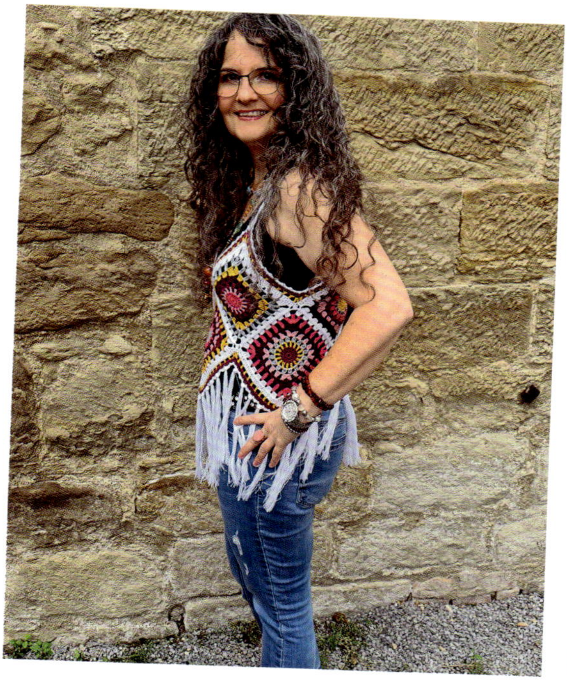

Skizzen

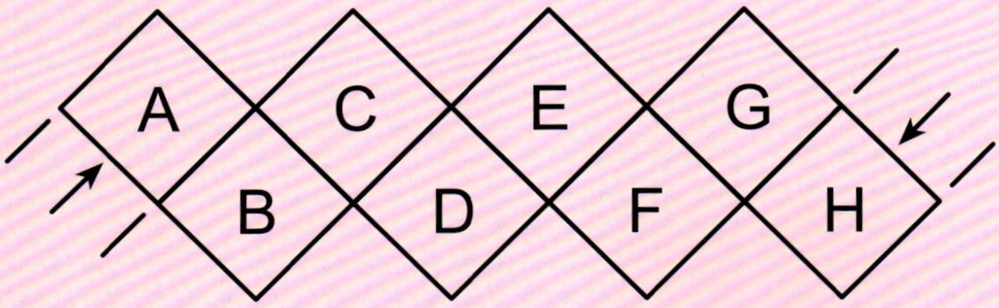

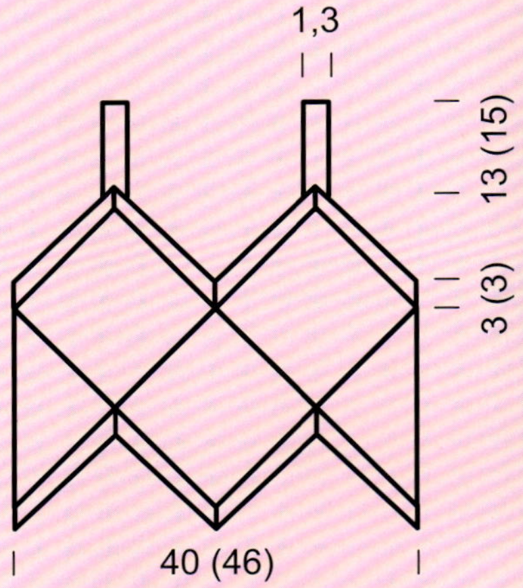

1

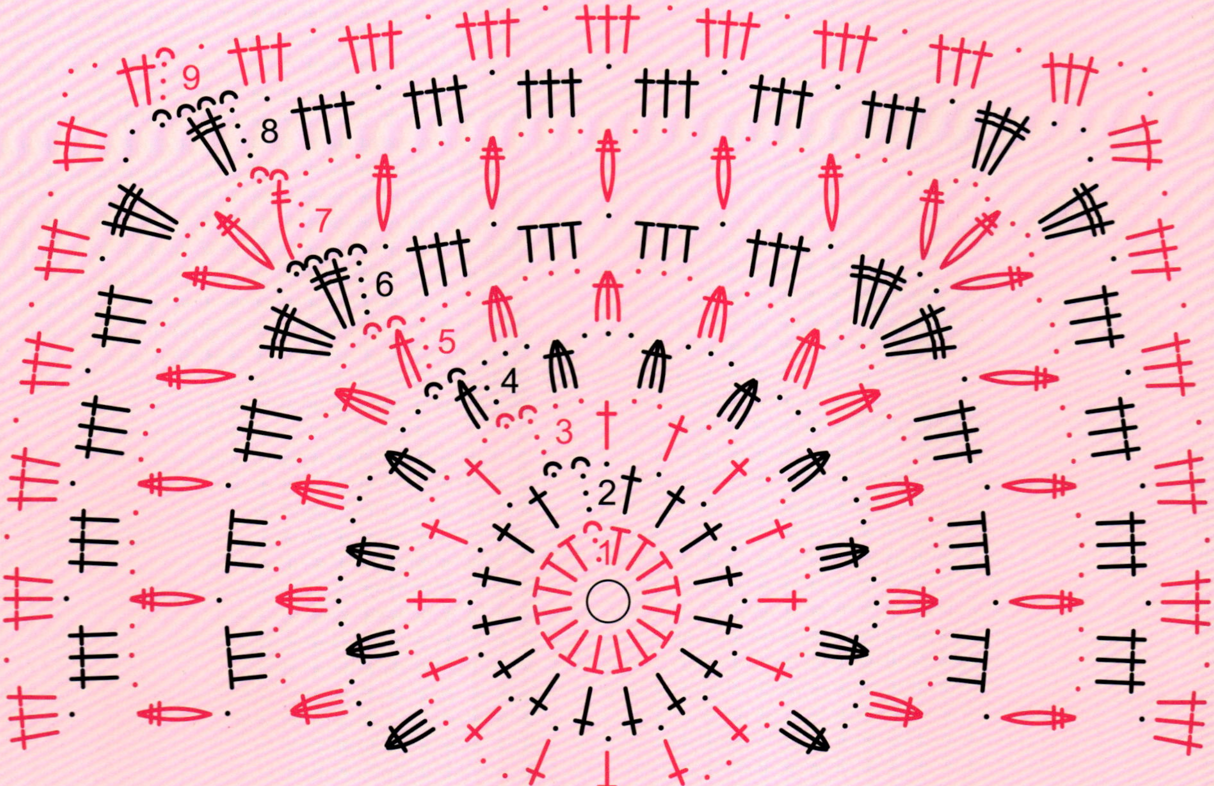

Magischer Ring
Luftmasche
Kettmasche
Feste Masche
Halbes Stäbchen
Stäbchen
Doppelstäbchen
3 zusammen abgemaschte Stäbchen in eine Einstichstelle
2 zusammen abgemaschte Doppelstäbchen in eine Einstichstelle
2 zusammen abgemaschte Doppelstäbchen in eine Einstichstelle
1 Picot: 3 Luftmaschen und eine feste Masche in die erste Luftmasche

2

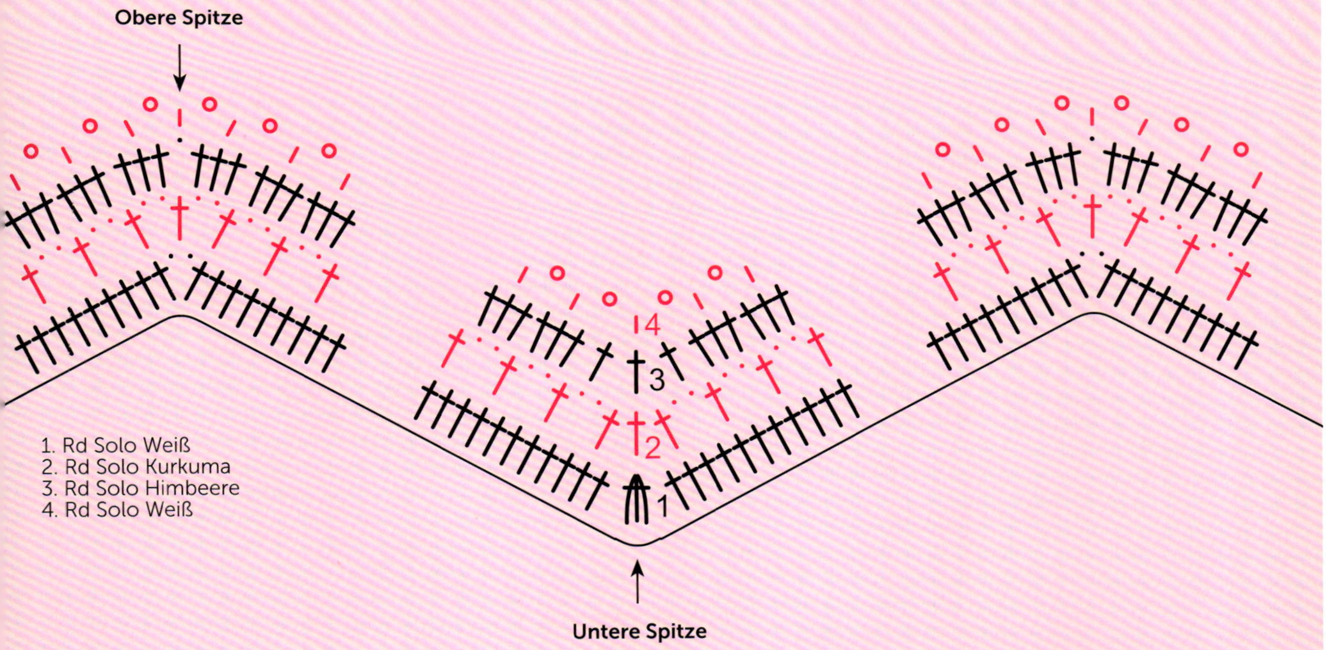

Tankini Love

Top in Seegrün

SCHWIERIGKEITSGRAD

✱✱✱

GRÖSSE

36/38 und 40/42

Die Angaben für die größere Größe stehen in Klammern oder werden beschrieben. Steht nur eine Angabe, so gilt diese für beide Größen.

MATERIAL

LoLa Charms Duo, 4-fädig, von Garnmanufaktur (50 % Baumwolle/50 % Polyacryl), 250 g in Seegrün

Häkelnadel (3 mm)

Stecknadeln

Vernähnadel

MASCHENPROBE

Häkelnadel 3 mm

Granny Square mit 8 Runden = 7 x 7 cm

Diagonale des Quadrats = 8,5 cm

MUSTER

Granny Square
Nach Häkelschrift arbeiten.

SO WIRD'S GEMACHT

Büstenteil
Das Büstenteil 2 x nach Häkelschrift 1 häkeln.

Nach Häkelschrift 1 arbeiten. Die Charms Bobbel sind mit Nummern von 1 – 5 versehen.

Mit 21 LM anfangen (der Pfeil zeigt den Beginn) und die 1. – 15. R (1. – 15. R) häkeln.

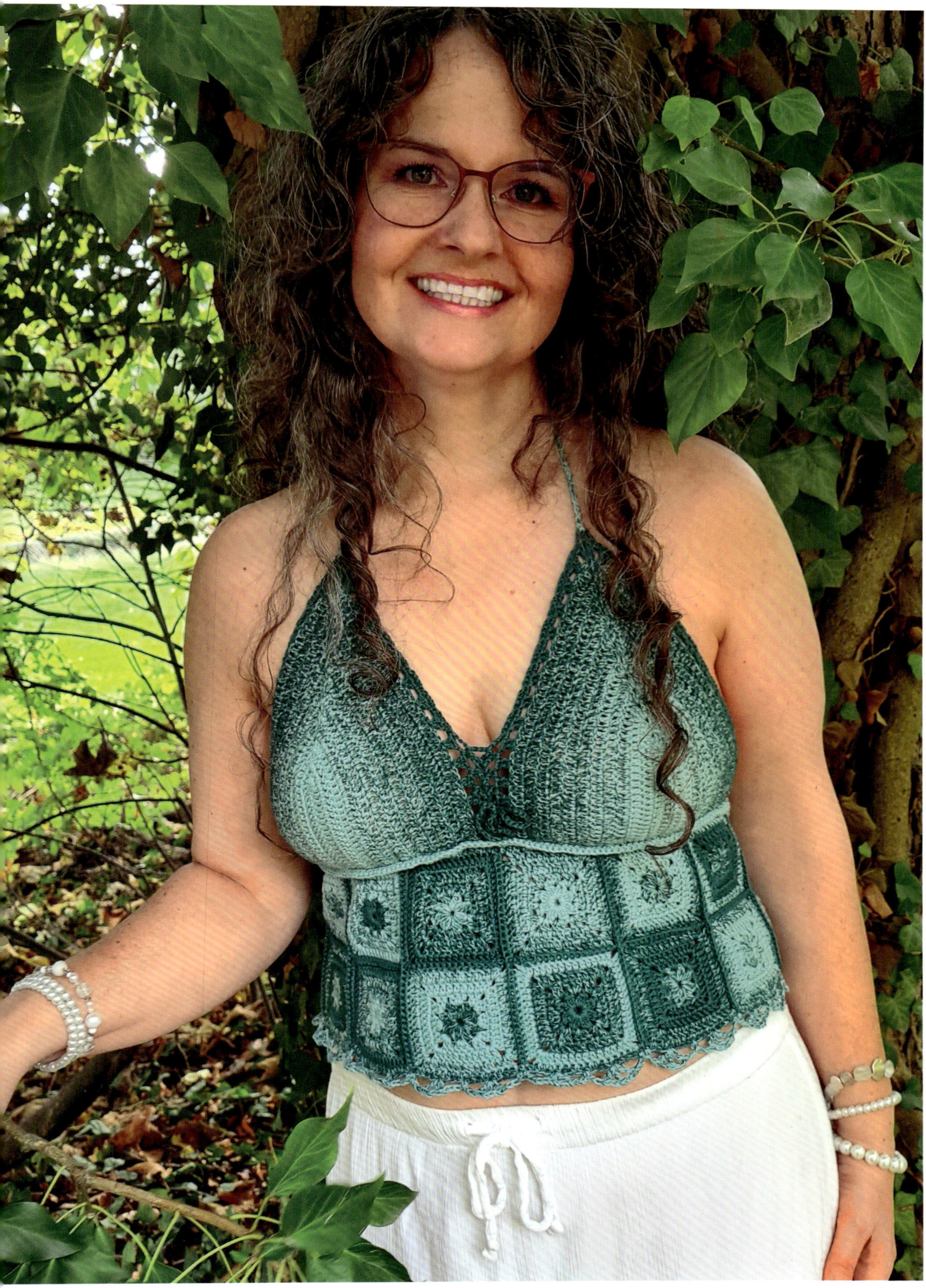

Mit der Farbe 1 zur 3. R häkeln. Dann weiter wie folgt: Farbe 2: 4. – 6. R, Farbe 3: 7. – 9. R, Farbe 4: 10. – 12. R. Für Größe 40/42 oder je nach Körbchengröße zudem Farbe 5: 13. – 15. R.

Dann wird der Abschlussrand des Büstenteils mit Farbe 5 gehäkelt.

1.R: 3 LM (Stb) am rechten seitlichen Büstenteil, dann 1 Stb, 1 LM, 2 M überspringen, 2 Stb in die folgende (3. M) M arbeiten. So weiter häkeln bis zur Spitze: 2 Stb, 1 LM, 2 Stb. Weiter mit dem Muster bis Reihenende. In die letzten beiden M jeweils ein Stb. Mit 5 LM wenden.

2. R: *In jede LM der Vorrunde 1 fM, dann 4 LM*. Von * – * bis zum Reihenende wiederholen. In die letzte M 1 fM, 1 LM und den Faden abschneiden. Alle Fäden vernähen.

Grannys

24 (28) Grannys nach Häkelschrift 2 häkeln.

Einen Fadenring häkeln.

1. R: In den Fadenring 8 x 3 zusammen abgemaschte Stb häkeln mit jeweils 2 LM dazwischen. Das erste abgemaschte Stb mit 2 LM beginnen. Mit einer KM in das erste abgemaschte Stb die Runde schließen.

2. – 4. R: Nach Häkelschrift 2 häkeln. Jeweils mit 3 LM (1. Stb) die Reihe beginnen, die Runde häkeln und mit einer KM in die 3. LM die Reihe schließen. Eine LM und den Faden abschneiden.

Fertigstellung

12 (14) Grannys bilden eine Reihe. Die Farben der Grannys sind frei wählbar. Die Grannys nebeneinanderlegen und die Farben anpassen: Reihe 1 = eine Farbe, Reihe 2 und 3 = eine Farbe, Reihe 4 = eine Farbe. Bei Größe 40/42 evtl. 3 Granny-Reihen vorsehen.

TIPP

Bei jedem Farbwechsel an einer anderen Stelle neu beginnen, ergibt ein schöneres Bild.

Zwischendurch immer wieder die Fäden vernähen, dann sind es am Schluss nicht so viele.

Bei den Grannys den letzten Faden nicht gleich vernähen, sondern ihn zum Verbinden der Grannys nutzen.

Nun die beiden Granny-Reihen mit fM in Farbe 5 verbinden. Das letzte Granny von der oberen Reihe (an der rechten Seite) mit dem Granny der 2. Reihe an gleicher Stelle links auf links legen. Eine Anfangsschlinge wie für eine LM bilden und 1 fM häkeln, dabei in beide LM des vorderen und hinteren Grannys durchstechen, und dann weiter in jedes Stb der Vorrunde 1 fM, in die LM fM häkeln. Den Faden nicht abschneiden.

Die nächsten 11 (13) Grannys mit dem gleichen Faden ebenso miteinander verbinden. Am Ende eine LM häkeln und den Faden abschneiden.

Dann die kurzen Seiten (Längsseiten) ebenso verbinden. Vorsicht! Die Grannys können sich verdrehen.

Die zusammengehäkelten Grannys mit 1 R HStb in Farbe 4 umhäkeln und an der oberen rechten Ecke beginnen: 2 LM (HStb), 1 HStb, 2 LM, 2 HStb in die selbe Ecke häkeln. Nun 1 HStb in eine M und LM der Vorrunde häkeln und in jede Ecke 2 HStb, 2 LM und 2 HStb arbeiten. Am Ende der Runde 1 KM in die 2. LM (HStb) und 1 LM häkeln, dann den Faden abschneiden.

Am oberen Rand der Grannys 1 Reihe Stb in Farbe 1 häkeln.

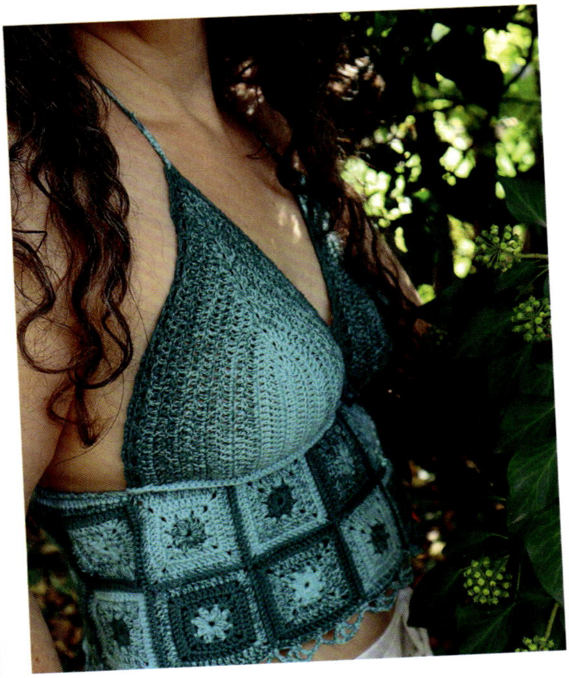

An der rechten Ecke beginnen: 3 LM, dann Stb häkeln, am Ende der Reihe an der linken Ecke 1 Stb, 1 LM häkeln, dann den Faden abschneiden.

Die beiden Büstenteile auf der linken Seite – wie in der Häkelschrift angegeben – mit einfachen Stichen in Farbe 1 an das Granny-Bauchteil nähen. Vorher mit ein paar Stecknadeln fixieren.

Jeweils an den Spitzen der Büstenteile durch die zwei oberen Löcher den Faden (in Farbe 2) anschlingen und eine ca. 55 (65) cm lange LM-Kette arbeiten, dann am Ende zurück in die 2. LM mit KM häkeln. Die R mit 1 LM beenden, dann den Faden abschneiden. Am Schluss im Nacken einen Knoten binden und die Enden hängen lassen.

Eine Kette aus 90 (110) LM häkeln, beide Fadenenden vernähen. Mit dieser Luftmaschenkette zwischen den Büsten in der letzten Reihe an der 6. Öffnung von unten an beiden Seiten von hinten durchfädeln und von rechts nach links schnüren wie beim Schuhe binden. Zum Schluss eine Schleife binden.

Nun am Rückenteil am oberen Rand an der linken Seite, 3. (4.) Granny von links, am Stb der Vorrunde mit 3 LM und Farbe 2 beginnen, 1 M übergehen und 1 fM in die folgende M häkeln. Weiter 2 LM und in die 2. M eine fM bis Reihenende. In das letzte Stb der Vorrunde insgesamt 3 fM häkeln, dann weiter im Muster und in der Ecke wieder 3 fM. Am unteren Rand wie folgt arbeiten: 1 fM, 3 LM, 3 M übergehen und 3 DStb mit je 2 LM dazwischen in die 4. M der Vorrunde häkeln. 3 LM, 1 fM in die nächste 4. M. 3 LM und 3 DStb mit je 2 LM dazwischen in die nächste 4. M, 3 LM und 1 fM in die 4. M häkeln. Dieses Muster bis Reihenende. Es passt für ein Granny. 3 fM in die Ecke, 1 fM in die nächste M, 2 LM und 1 fM in die 2. M häkeln, weiter bis Reihenende. 3 fM in die 3. LM (Stb). 2 LM, 1 fM in die 2. M. Dann wieder 2 LM, 1 fM in die 2. M. In dieser Folge bis zur Büste arbeiten. Eine LM und den Faden abschneiden.

Den unteren Rand etwas in Form ziehen oder nass machen und mit Stecknadeln in Form ziehen und trocknen lassen.

Für die Schnürung am Rückenteil eine ca. 70 (100) cm lange LM-Kette häkeln, Fäden vernähen und kreuzweise durch die Löcher ziehen und eine Schleife binden.

TIPP

Damit das Top besser sitzt, evtl. einen durchsichtigen Gummifaden am oberen Rand und unter den Büsten durchziehen.

Magischer Ring
Luftmasche
Kettmasche
Feste Masche
Stäbchen
2 Stäbchen in eine Einstichstelle
3 Stäbchen zusammen abmaschen
2 Stäbchen in eine Einstichstelle
3 Stäbchen zusammen abmaschen

2

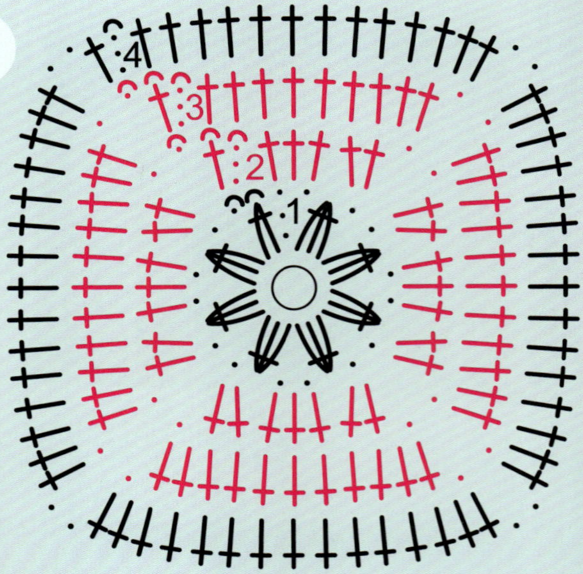

1

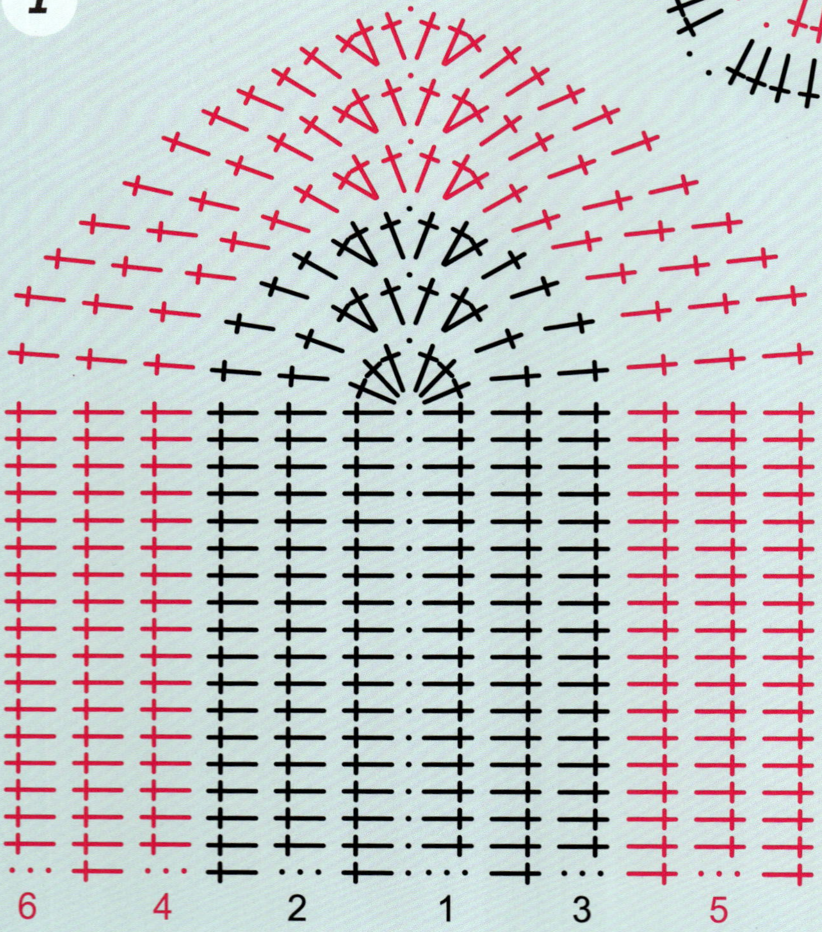

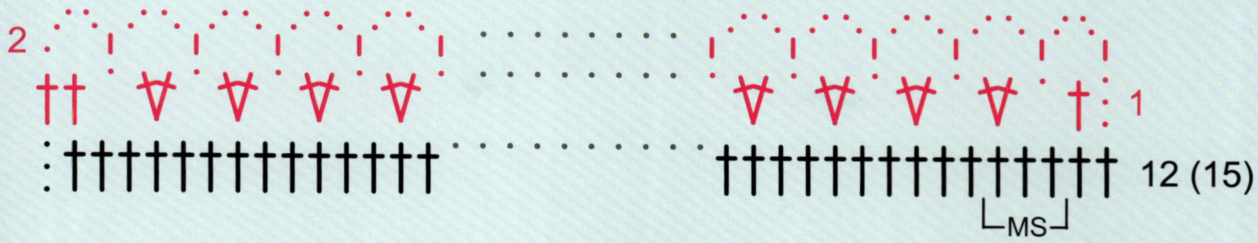
2
1
12 (15)
MS

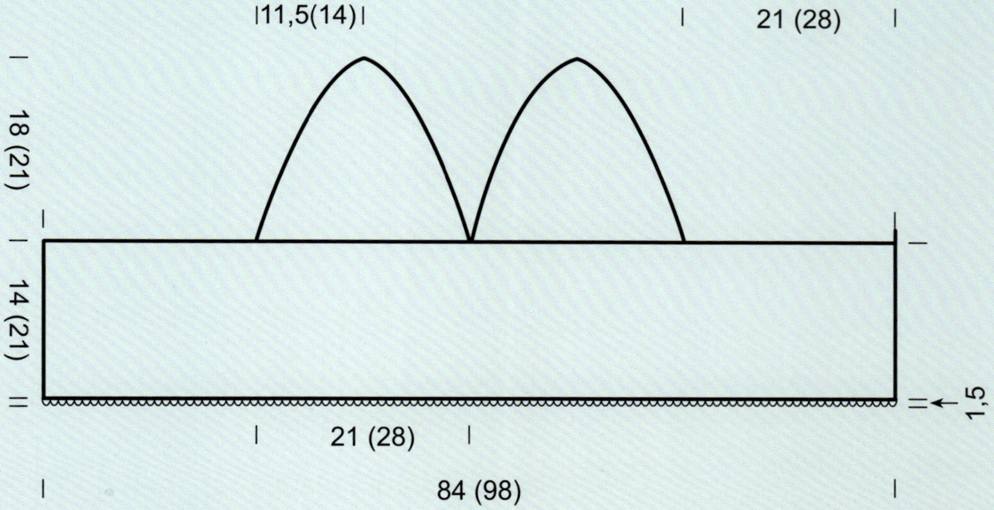
11,5(14)
21 (28)
18 (21)
14 (21)
1,5
21 (28)
84 (98)

Flower-Power

Top mit Blümchen

SCHWIERIGKEITSGRAD

✷✷✷

GRÖSSE

36/38 und 40/42

Die Angaben für die größere Größe stehen in Klammern oder werden beschrieben. Steht nur eine Angabe, so gilt diese für beide Größen.

MATERIAL

Bobbel Boxx LoLa Farbverlaufsgarn von Garnmanufaktur, 4-fädig, (50% Baumwolle/50% Polyacryl), 10 x 50 g Bobbel, in Flower

Häkelnadel (3 mm)

Vernähnadel

160 cm rosa Satinband, 10 mm breit

MASCHENPROBE

Häkelnadel 3 mm
Granny Square mit 5 Runden = 8 x 8 cm
Diagonale des Quadrats = 8 x 8 cm

MUSTER

Granny Square

Nach Häkelschrift arbeiten.

HINWEIS

Beim traditionellen Granny Square handelt es sich um ein gehäkeltes Quadrat, das aus Luftmaschen und Stäbchen-Paketen besteht. Es wird in Runden gehäkelt. Sie können in unterschiedlichen Größen und mit verschiedenen Häkelmustern gearbeitet werden. Die Grannys werden dann zusammen gehäkelt.

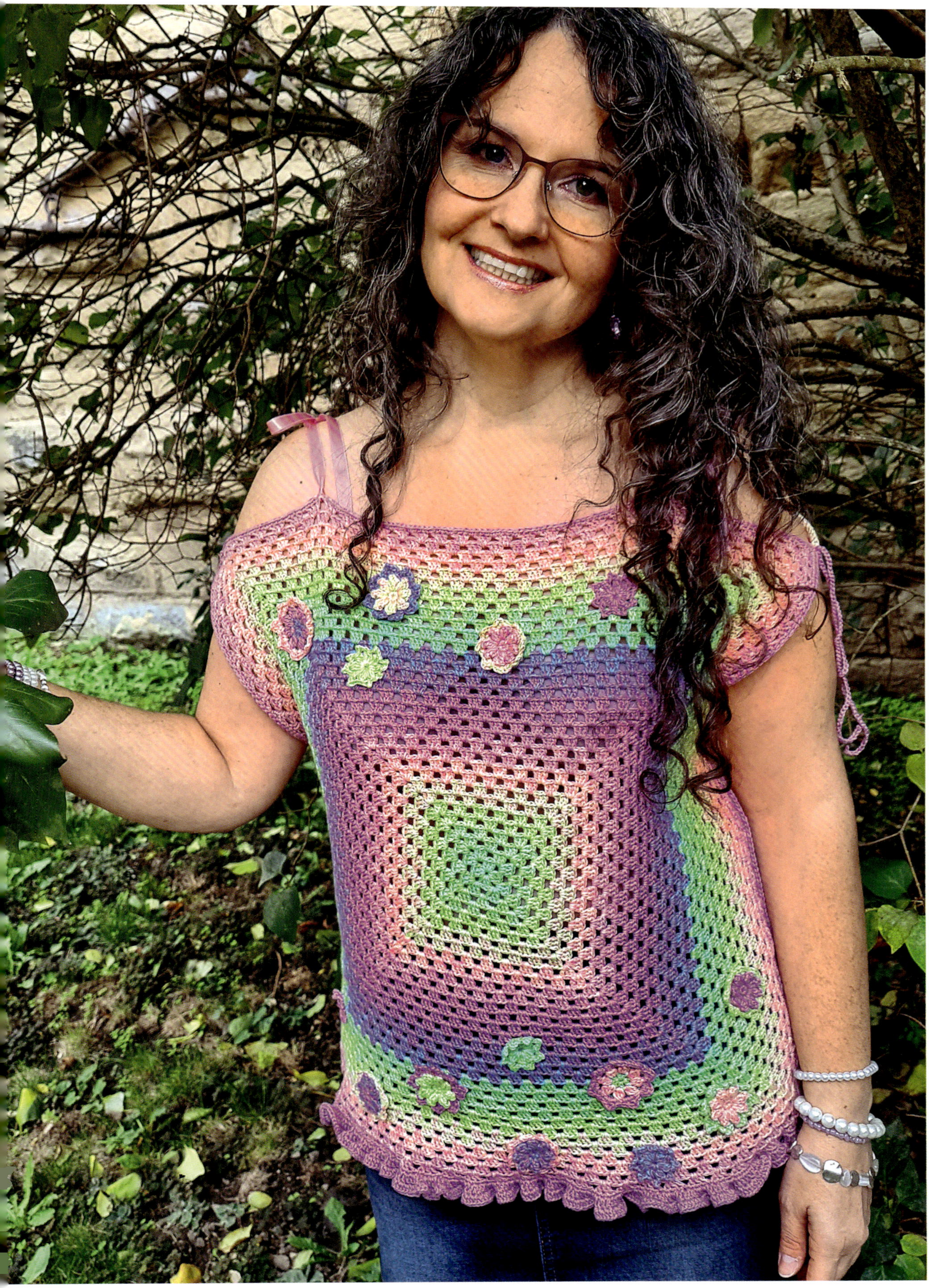

SO WIRD'S GEMACHT

Die Bobbel aus der Box sind mit Nummern von 1 – 10 versehen.

Grannys

Das erste Granny in der folgend beschriebenen Farbfolge bis Runde 32 (36) arbeiten:

Mit Nummer 1 die 1. und 2. Runde arbeiten. Hierzu mit einem Fadenring beginnen und die 1. Runde in den Ring häkeln. Danach mit der Farbe 1 die 2. Runde häkeln.

Die weiteren Runden mit folgenden Nummern häkeln:

Nummer 2: 3. und 4. Runde; Nummer 3: 5. und 6. Runde; Nummer 4: 7. und 8. Runde; Nummer 5: 9. und 10. Runde; Nummer 6: 11. und 12. Runde; Nummer 7: 13. und 14. Runde;

Nummer 8: 15. und 16. Runde; Nummer 9: 17. und 18. Runde; Nummer 10: 19. und 20. Runde.

Ab Runde 21 wieder mit Bobbel 1 beginnen und in derselben Farbfolge weiter bis Runde 32 (36) häkeln.

Das zweite Granny ebenso häkeln, aber mit Farbe 10 beginnen.

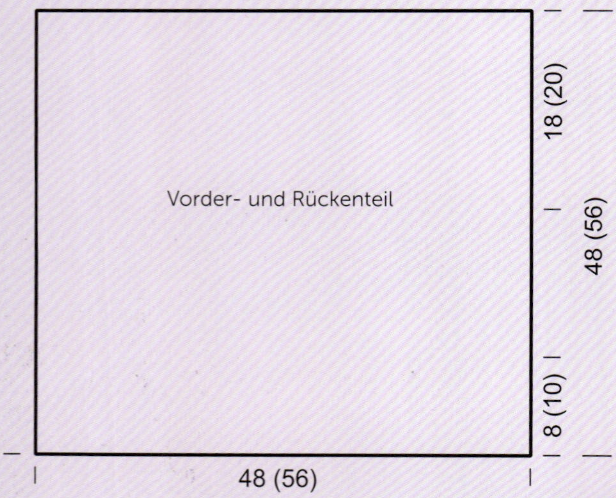

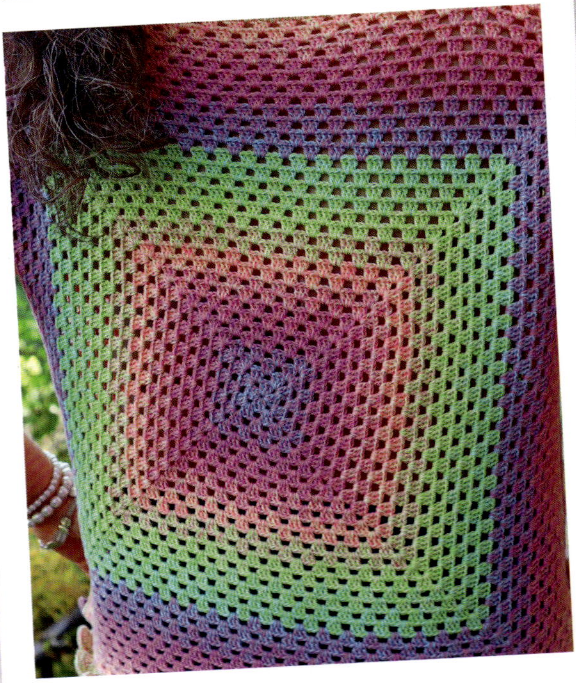

TIPP

Jeden Farbwechsel an einer anderen Stelle durchführen, das ergibt ein schöneres Bild. Zwischendurch immer wieder die Fäden vernähen, dann sind es am Schluss nicht so viele.

Fertigstellung

Beide Grannys jeweils in der folgenden Farbe mit fM umhäkeln.

Hierzu an einer Ecke den Faden anschlingen und mit einer LM (fM) beginnen. Eine weitere LM und 1 fM häkeln und mit fM in die Stb und LM der Vorrunde arbeiten. Die weiteren Ecken, 1 fM, 1 LM,1 fM. Die Runde mit einer KM in die 1. LM (fM) beenden. Eine LM häkeln und den Faden abschneiden.

Die Grannys links auf links legen und an beiden Längsseiten mit fM in einer Farbe der

Abschlussreihe zusammenhäkeln. Dafür eine Anfangsschlinge wie für eine LM bilden, an der 22. (26.) M der Abschlussreihe beginnen und 60 (64) fM häkeln. Eine LM häkeln und den Faden abschneiden.

TIPP

Die 2. Seite an der oberen Länge beginnen.

2 LM-Ketten aus 130 M häkeln und damit die beiden Grannys an den oberen Ecken miteinander verknoten. Dann vom rosafarbenen Satinband 4 x 40 cm abschneiden, am Vorder- und Rückenteil mit Knoten befestigen und jeweils zwei Schleifen binden.

Weiter am unteren Rand der Grannys mit 3 LM (1 Stb) in der Farbe der Abschlussreihe beginnen und den Rüschenrand häkeln:

1. R: In jede M der Vorrunde 2 Stb häkeln. Bei der 1. M werden 2 Stb durch 3 LM und 1 Stb ersetzt.

2. R: In jede M der Vorrunde 2 HStb häkeln. Bei der 1. M werden 2 HStb durch 2 LM und 1 HStb ersetzt.

Mit 1 LM enden und den Faden abschneiden.

Beim zweiten Granny am unteren Rand den Rüschenrand häkeln und mit der Farbe der Abschlussreihe beginnen.

Zum Schluss die Blumen 1 bis 4 in den Farbfolgen A bis E häkeln, dabei den Anfangsfaden länger lassen und damit an das Top nähen.

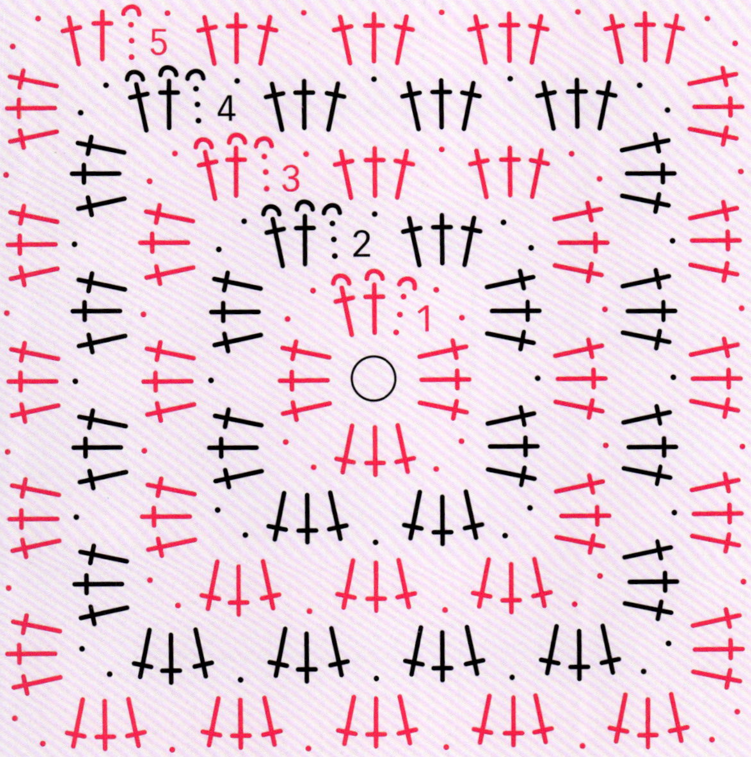

- ◯ Magischer Ring
- · Luftmasche
- ⌒ Kettmasche
- ı Feste Masche
- T Halbes Stäbchen
- † Stäbchen
- 3 zusammen abgemaschte Stäbchen in eine Einstichstelle
- 2 zusammen abgemaschte Doppelstäbchen in eine Einstichstelle
- ∘ 1 Picot: 3 Luftmaschen und eine feste Masche in die erste Luftmasche

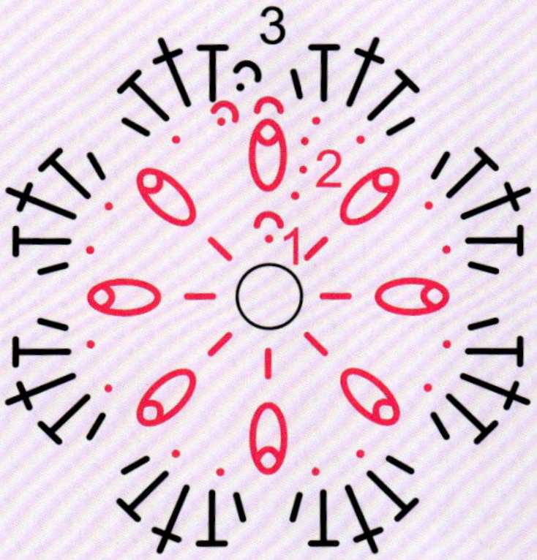

Blume 1
A = 1. und 2. Runde Farbe 9, 3. Runde Farbe 5
B = 1. und 2. Runde Farbe 8, 3. Runde Farbe 3
C = 1. und 2. Runde Farbe 6, 3. Runde Farbe 4

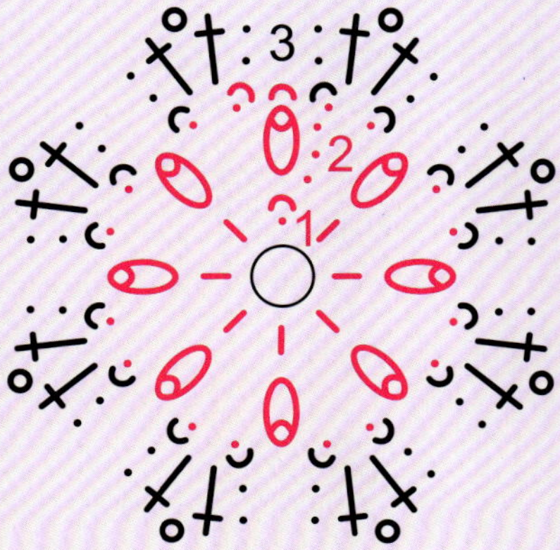

Blume 2
A = 1. und 2. Runde Farbe 3, 3. Runde Farbe 8
B = 1. und 2. Runde Farbe 5, 3. Runde Farbe 2
C = 1. und 2. Runde Farbe 4, 3. Runde Farbe 10

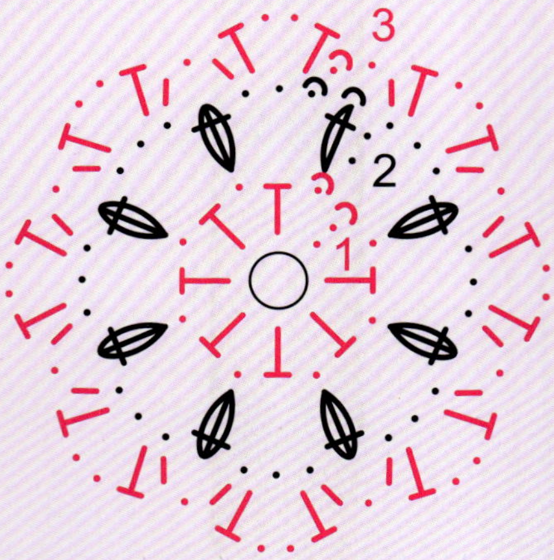

Blume 3
A = 1. Runde Farbe 7, 2. Runde Farbe 9, 3. Runde Farbe 4
B = 1. Runde Farbe 2, 2. Runde Farbe 5, 3. Runde Farbe 7
C = 1. Runde Farbe 10, 2. Runde Farbe 7, 3. Runde Farbe 5

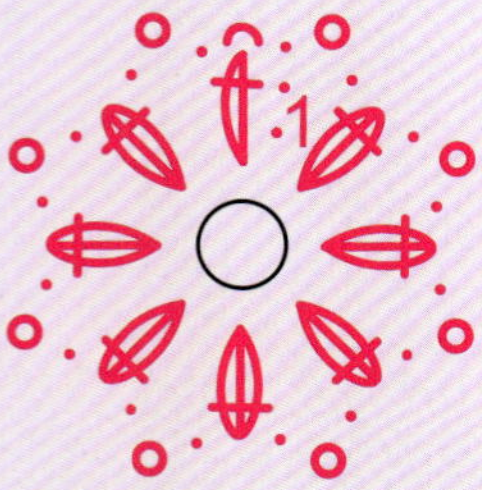

Blume 4
A = 1. Runde Farbe 1
B = 1. Runde Farbe 7
C = 1. Runde Farbe 10
D = 1. Runde Farbe 3
E = 1. Runde Farbe 8

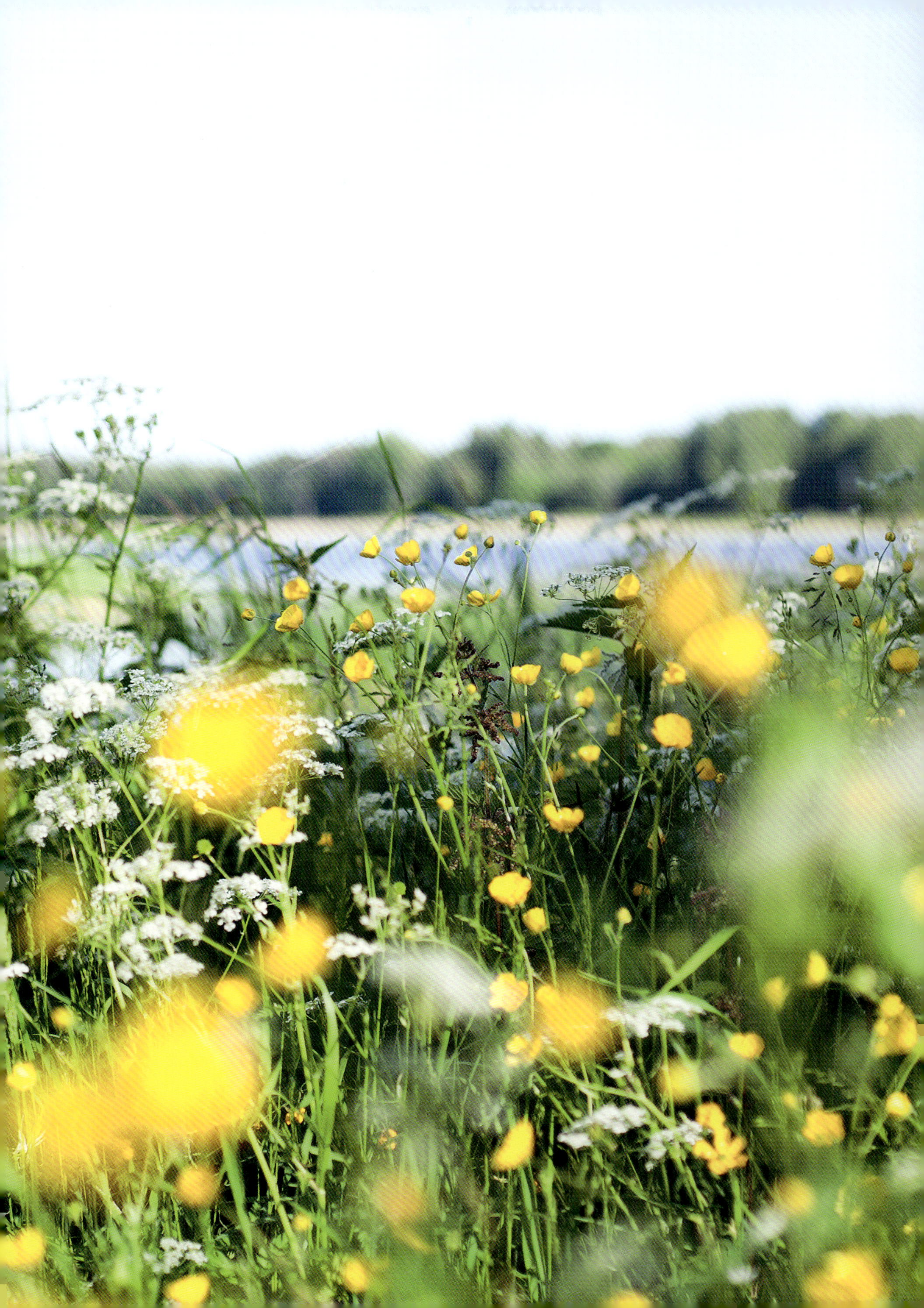

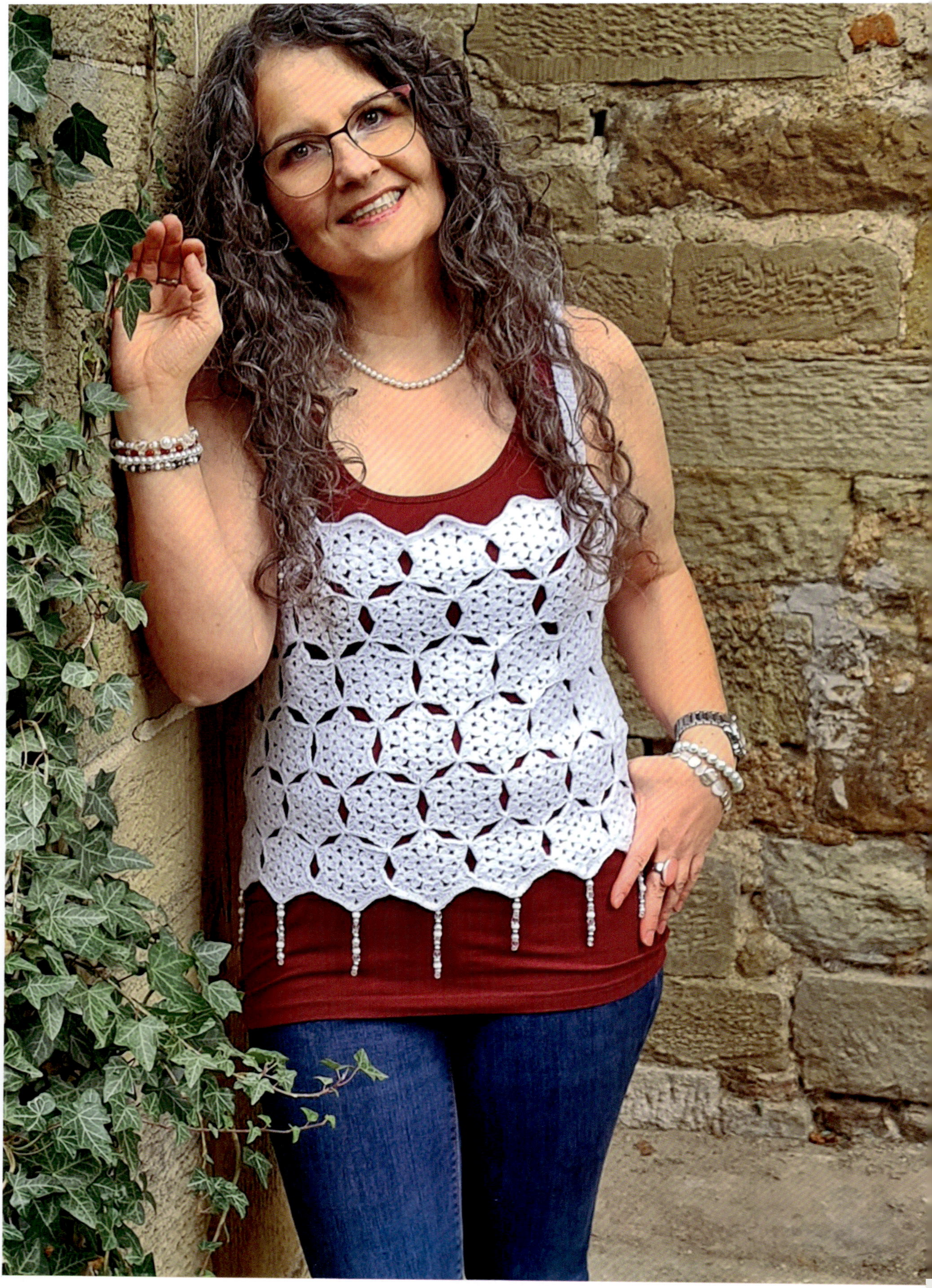

Das kleine Weiße

Blütentop in Weiß

GRÖSSE

36/38 und 40/42

Die Angaben für die größere Größe stehen in Klammern oder werden beschrieben. Steht nur eine Angabe, so gilt diese für beide Größen.

SCHWIERIGKEITSGRAD

✱✱✱

MATERIAL

LoLa solo von Garnmanufaktur, 4-fädig (50% Baumwolle/50% Polyacryl), 200 (250) g in Weiß

Häkelnadeln (3 mm und 2,5 mm)

Vernähnadel

dünne Perlennadel

Nähgarn in weiß

Perlen von Farbenspiel: Wachsperle in Weiß (5 und 6 mm), Glasschliffperle, (6 mm), Silberperle (5 mm), Rocailles in Mattweiß (4,5 mm), weiße Holzperlen von Glorex.

MASCHENPROBE

Häkelnadel 3 mm

Granny Square mit 3 Runden = 7 x 7 cm

Diagonale des Quadrats = 7 cm

MUSTER

Granny Square

Nach Häkelschrift arbeiten.

SO WIRD'S GEMACHT

Grannys

Das 1. Granny mit einer Häkelnadel 3 mm mit einem Fadenring beginnen und die 1. Runde in den Ring häkeln. Die 1. bis

3. Runde laut Häkelschrift 1 herstellen.

Die weiteren 13 (15) Grannys nach Häkelschrift 2 häkeln. Die Grannys in der 3. Runde an zwei Stellen mit einer KM zusammenhäkeln.

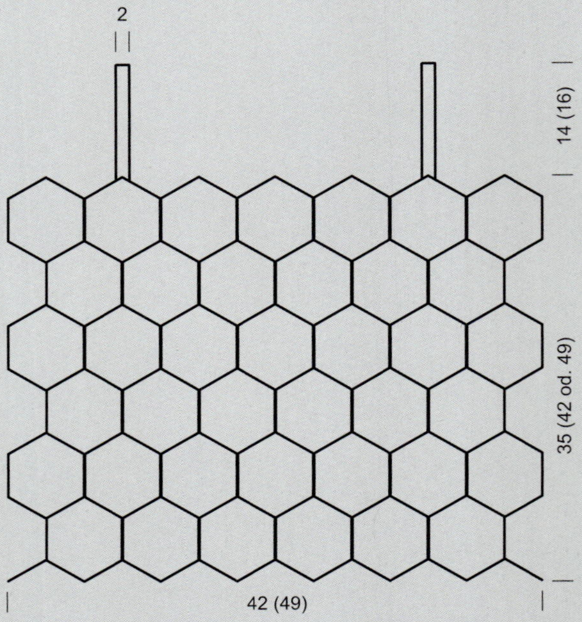

Vorder- und Rückenteil

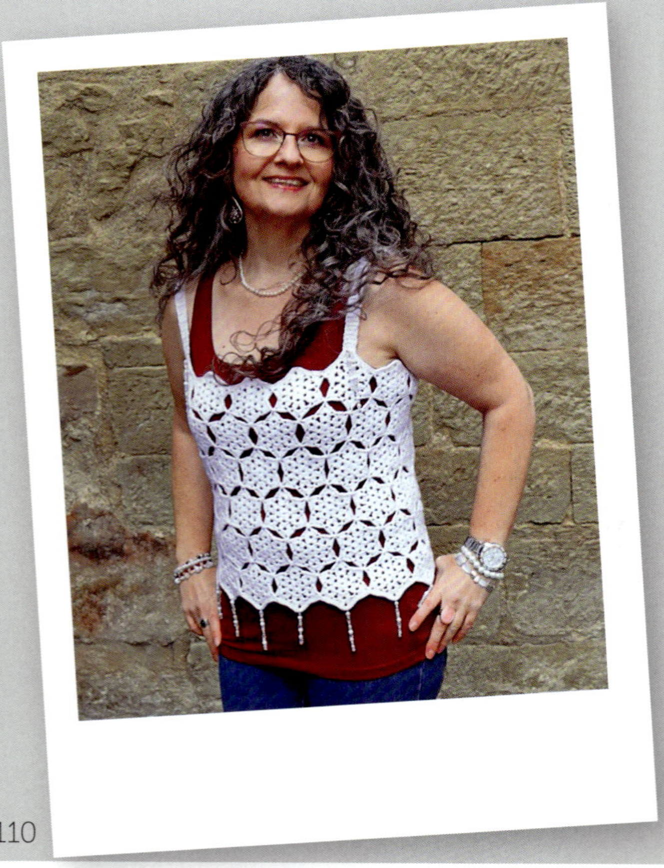

So entsteht die 1. Reihe mit 14 Grannys (36/38), für 40/42 braucht es 16 Grannys.

Am Anfang und Ende der Reihe die Grannys an zwei Stellen mit KM zusammenhäkeln.

Nun geht es in Runden weiter. Die weiteren Granny-Runden wie in Häkelschrift 2 mit KM verbinden. Für Größe 36/38 sechs Granny-Runden arbeiten, für 40/42 acht Granny-Runden herstellen.

Umrandung

Weiter mit einer Häkelnadel 2,5 mm arbeiten. Am oberen Rand HStb in jedes Stb, jede fM und jeden LM der Vorrunde häkeln. Mit einer KM in das 1. HStb die Runde schließen. Den unteren Rand genauso häkeln.

Träger

Nun werden die Träger angehäkelt.

1. R: 5 fM an eine Spitze eines Grannys (siehe Zeichnung) anhäkeln, hierbei die 1. fM durch eine LM ersetzen.

2. – 52. R: (2. – 56. R oder mehr, je nach Größe): 5 HStb häkeln. Die Reihen mit zwei LM wenden.

Die 52. R (56. R) mit einer LM beenden, den Faden länger abschneiden und damit den Träger gegengleich auf der Rückseite annähen.

Den 2. Träger am 4. Granny (siehe Zeichnung) beginnen und wie den ersten Träger häkeln und annähen.

Zum Schluss die Perlen abwechselnd aufreihen, an die unteren Granny-Spitzen und vorderen Träger annähen.

TIPP

Zwischendurch immer wieder die Fäden vernähen, dann sind es am Schluss nicht so viele.

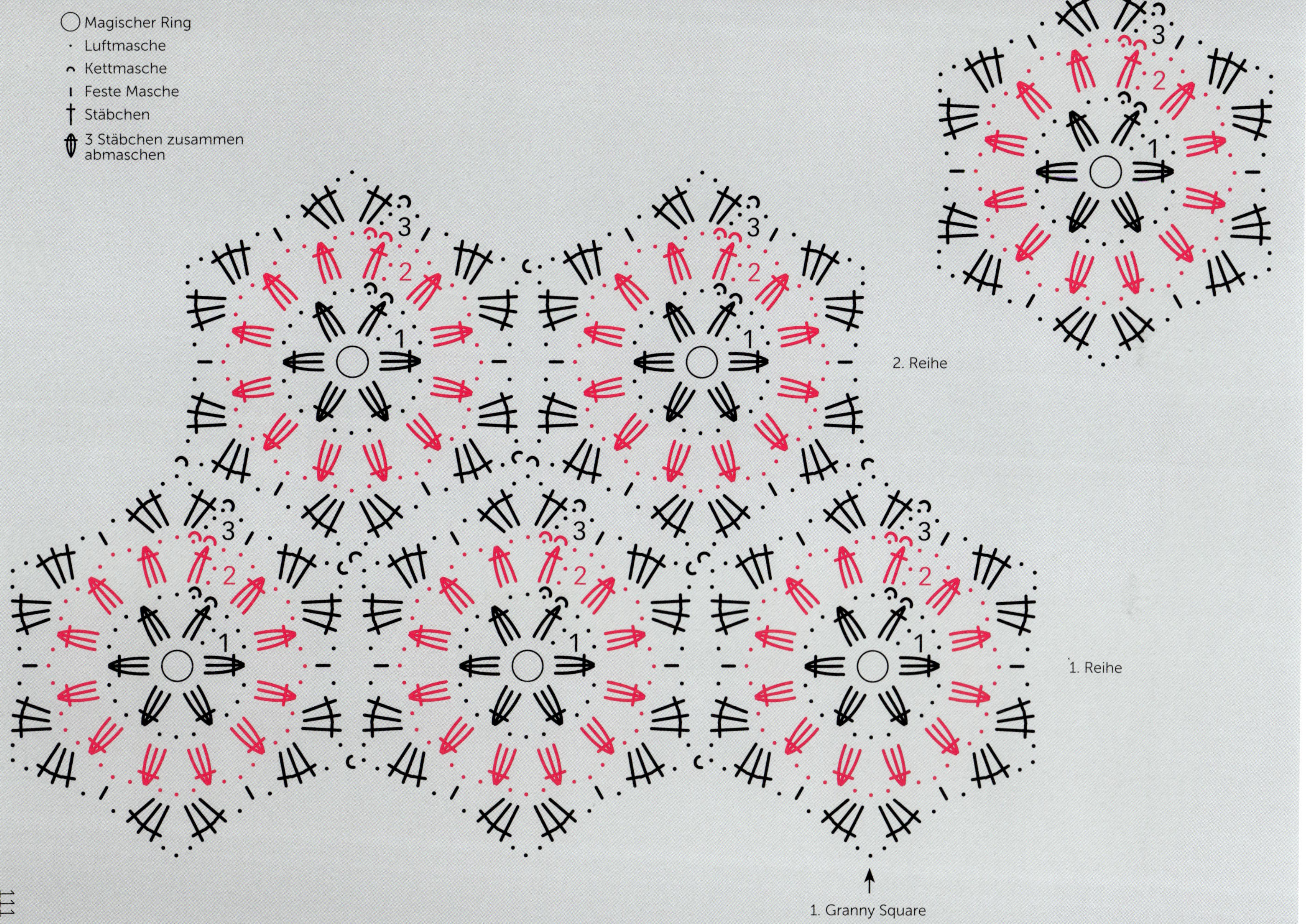

Magischer Ring
Luftmasche
Kettmasche
Feste Masche
Stäbchen
3 Stäbchen zusammen abmaschen
1
2
3
2. Reihe
1. Reihe
1. Granny Square

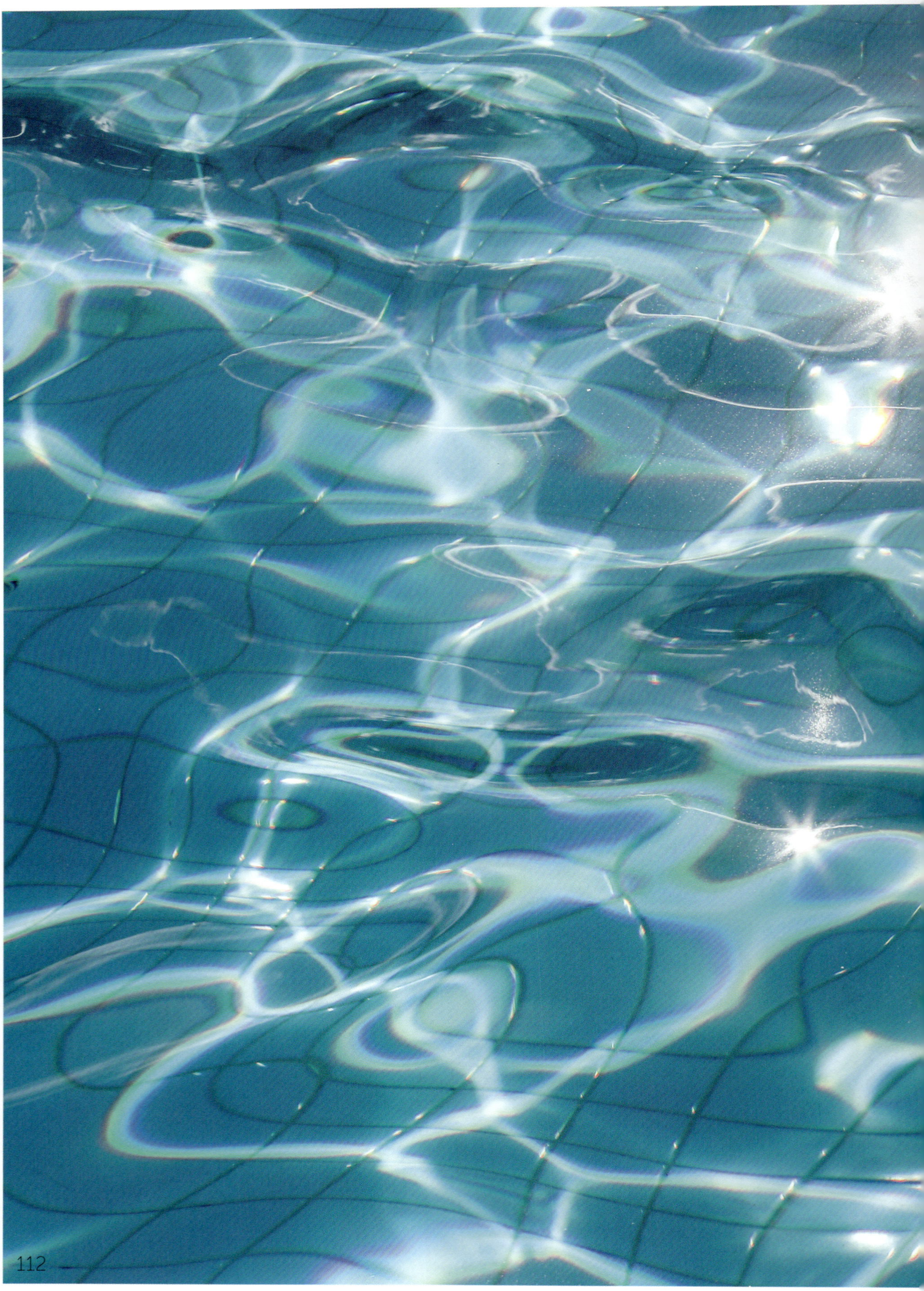

GRUNDKURS HÄKELN

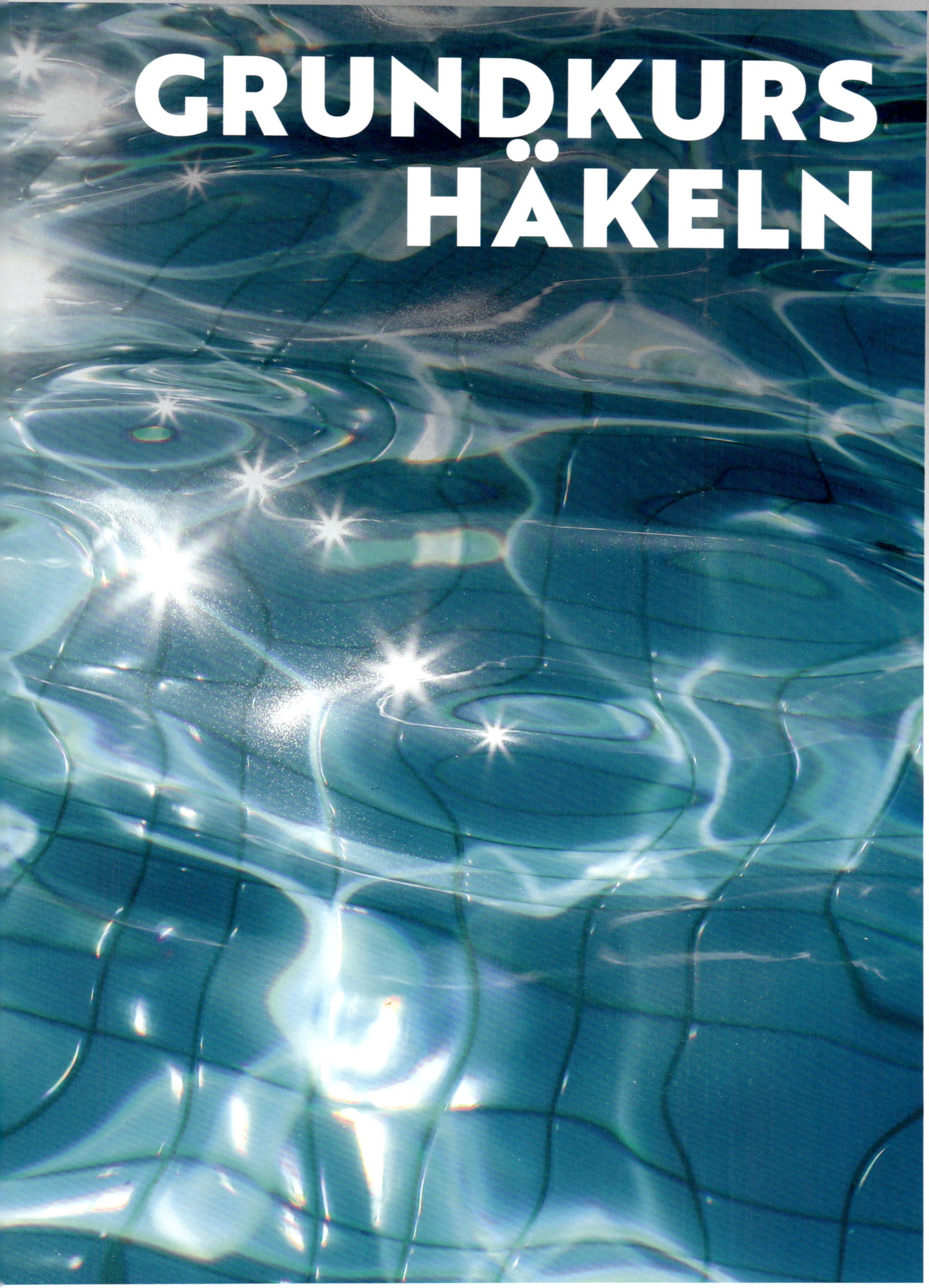

Luftmaschenanschlag

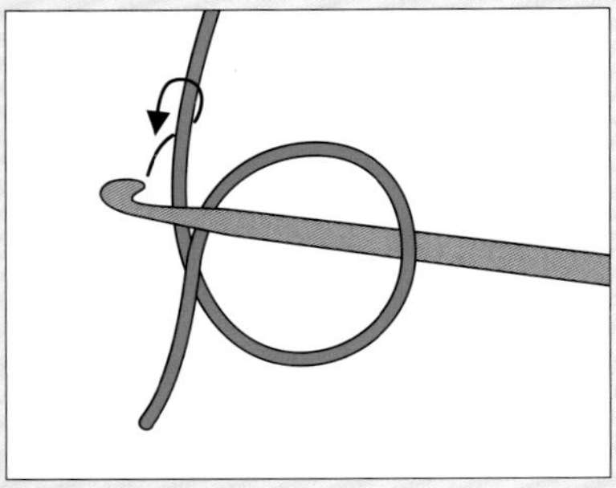

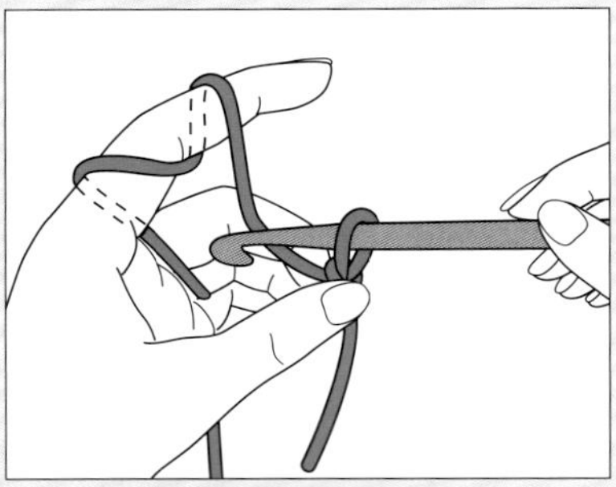

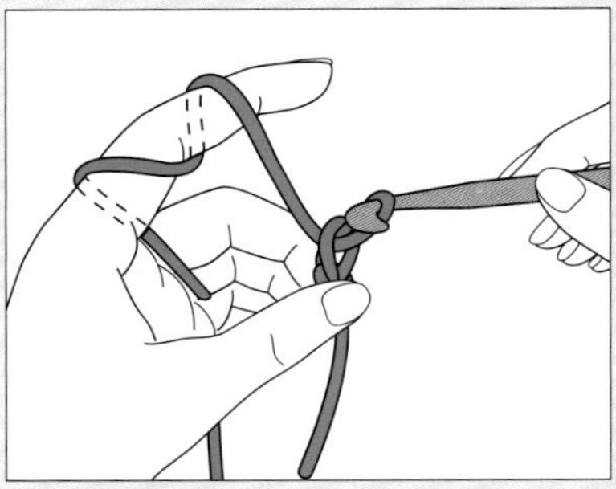

Den Faden zu einem Kreis legen, sodass sich die Fäden kreuzen. Dabei das Fadenende zwischen Zeigefinger und Daumen halten. Die Häkelnadel durch den Kreis führen, den Faden um die Nadel legen und den Umschlag durchziehen. Festziehen!

Der Anschlagsknoten ist fertig und eine Schlinge liegt auf der Nadel. Den Anschlagsknoten mit Daumen und Mittelfinger halten, den Faden vom Zeigefinger mit der Nadel erfassen und durch die Schlinge ziehen.

Die erste Luftmasche ist fertig. Wiederholen, bis die gewünschte Luftmaschenzahl erreicht ist.

Fadenring

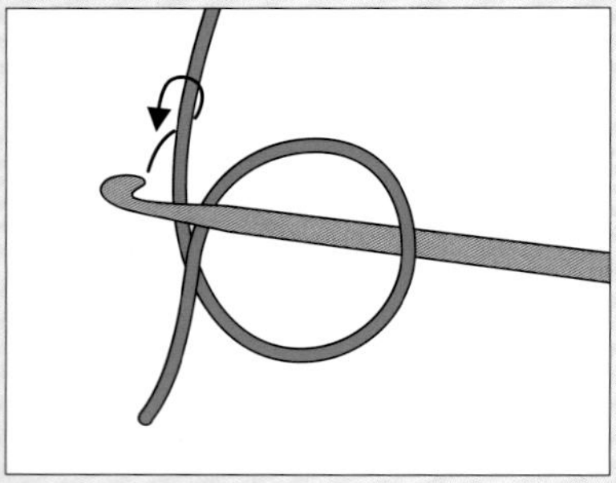

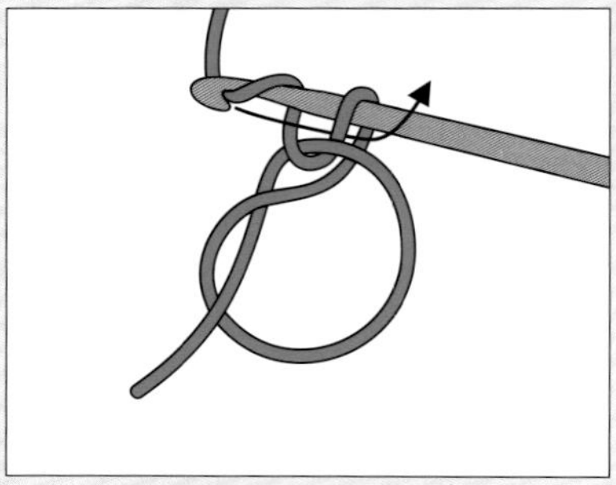

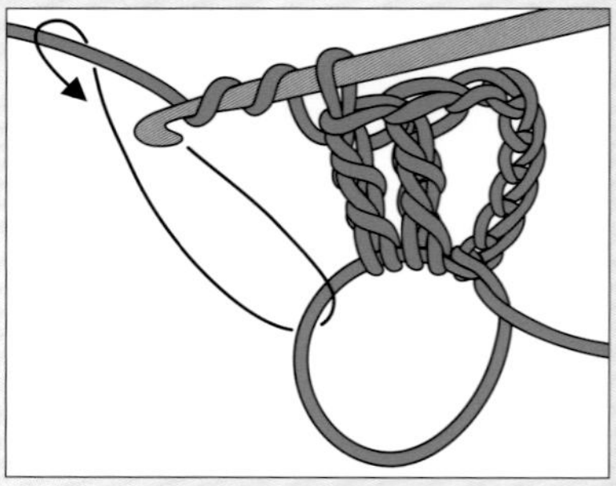

Den Faden zu einem Kreis legen, sodass sich die Fäden kreuzen. Dabei das Fadenende zwischen Zeigefinger und Daumen halten. Die Häkelnadel durch den Kreis führen, den Faden um die Nadel legen und den Umschlag durchziehen. Nicht festziehen!

Den Arbeitsfaden um den linken Zeigefinger legen und den Kreuzungspunkt festhalten. Einen Umschlag durch die Schlinge der Nadel ziehen (= eine Luftmasche).

Den Ring wie angegeben behäkeln und am Ende der 1. Runde den Fadenring festziehen.

Häkeln in Spiralrunden

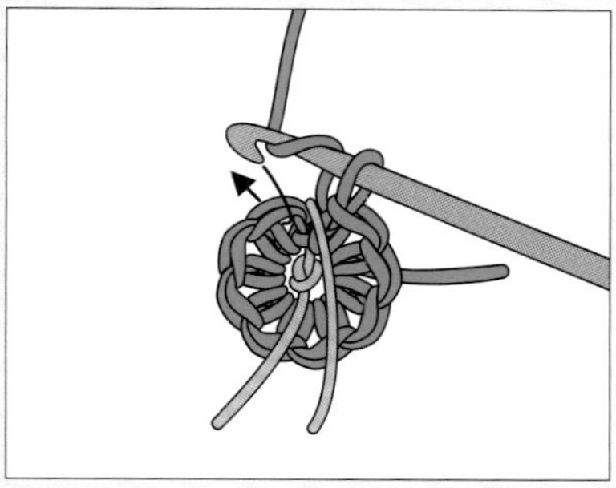

Zunächst die angegebene Maschenzahl in den Fadenring arbeiten und diesen festziehen. Danach für die 2. Runde direkt in die erste feste Masche der 1. Runde einstechen. Dabei den Rundenübergang mit einem Kontrastfaden markieren, denn die Runden schrauben sich spiralförmig in die Höhe, sodass nur schwer zu erkennen ist, wann eine neue Runde erreicht ist. Die Markierung zeigt den Rundenbeginn.

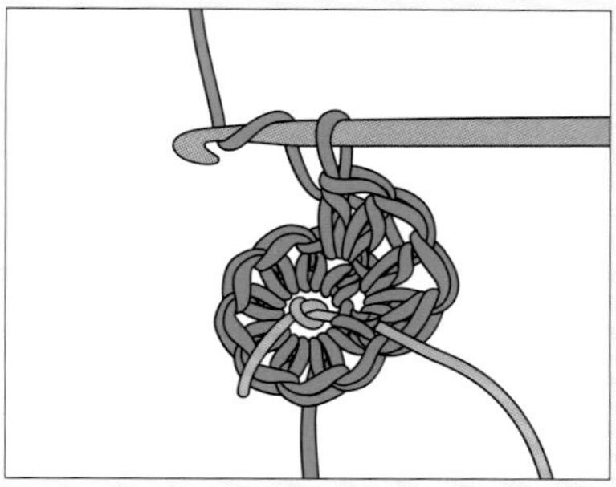

Wie in der Anleitung beschrieben, die 2. Runde häkeln.

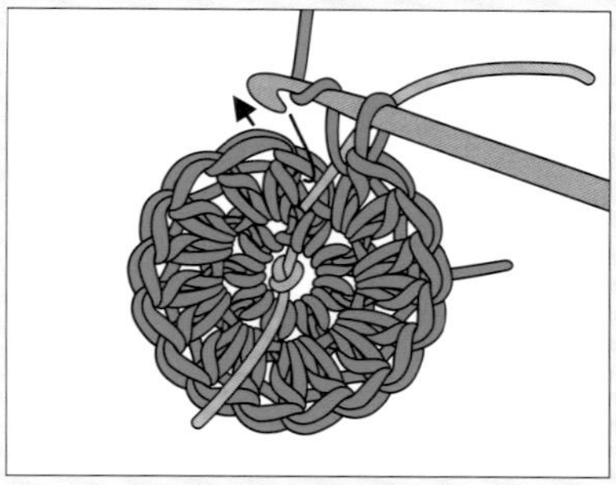

Am Rundenübergang den Markierungsfaden im Wechsel nach vorne bzw. nach hinten legen und entsprechend der Anleitung weiterarbeiten. Nach Beenden der Arbeit den Markierungsfaden herausziehen.

Farbwechsel in Spiralrunden und Reihen

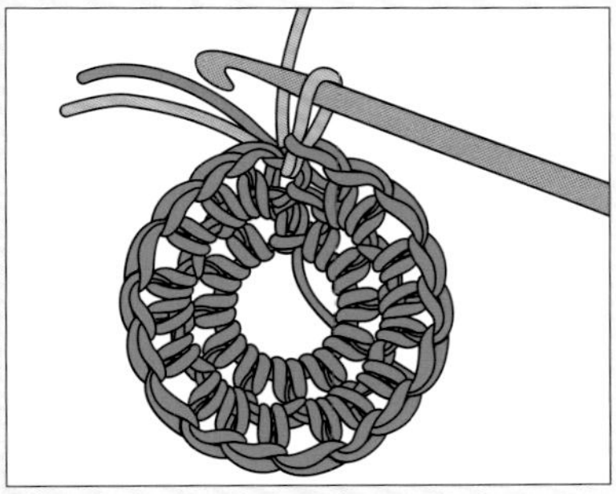

Um einen exakten Farbübergang zu erreichen, bereits die letzte Schlinge der letzten Masche der Vorrunde in der neuen Farbe häkeln. Bei einem Farbwechsel innerhalb der Reihe oder Runde ebenfalls die letzte Schlinge der letzten Masche der vorhergehenden Farbe mit der neuen Farbe häkeln.

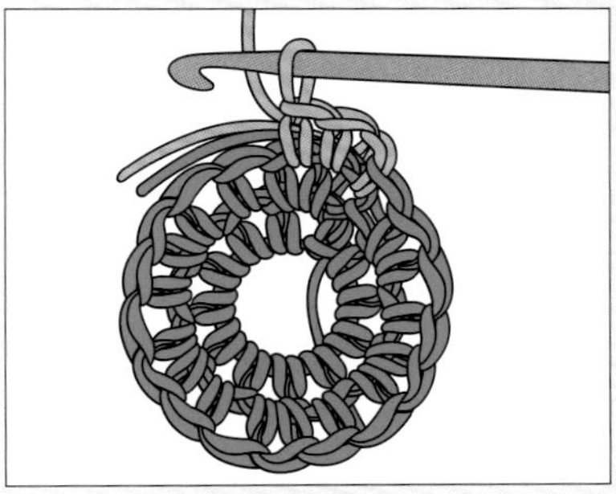

Bei Reihen beide Fadenenden auf die Maschenglieder der Vorreihe legen. Die folgenden 4–5 Maschen über die Fadenenden arbeiten. Dabei wie gewohnt feste Maschen häkeln, in deren Mitte die Fadenenden versteckt und fixiert werden. Überstehende Fadenenden abschneiden. Bei Runden die Fadenenden lediglich auf der Innenseite verknoten.

Kettmasche

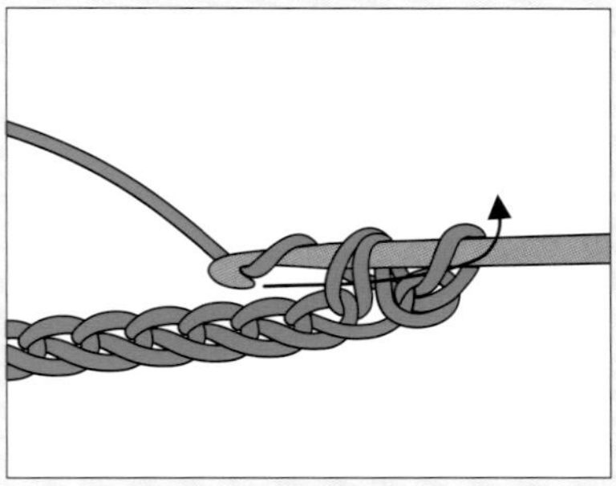

In die vorgesehene Masche einstechen, den Faden um die Nadel legen und diesen Umschlag durch alle Schlingen der Nadel ziehen.

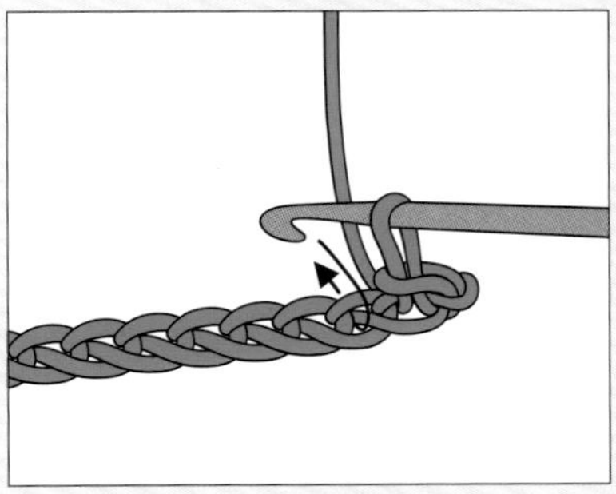

Die Kettmasche ist fertig.

Feste Masche im Kreuzstich

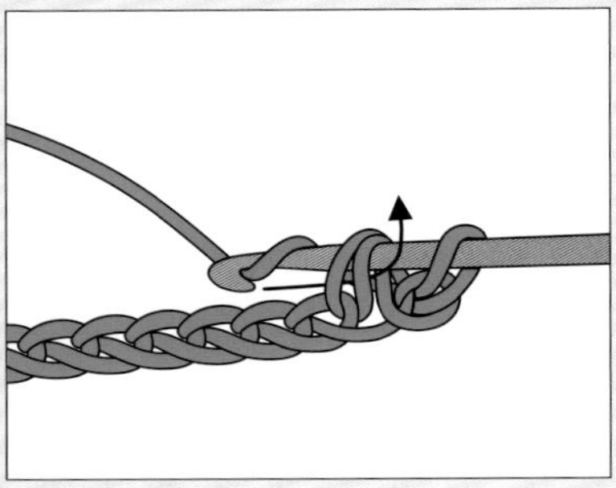

In die vorgesehene Masche einstechen und den Faden von hinten nach vorne um die Nadel legen und durchziehen. Dadurch wird die erste Schlinge um 180° verdreht, sodass die feste Masche etwas dichter und quadratischer aussieht.

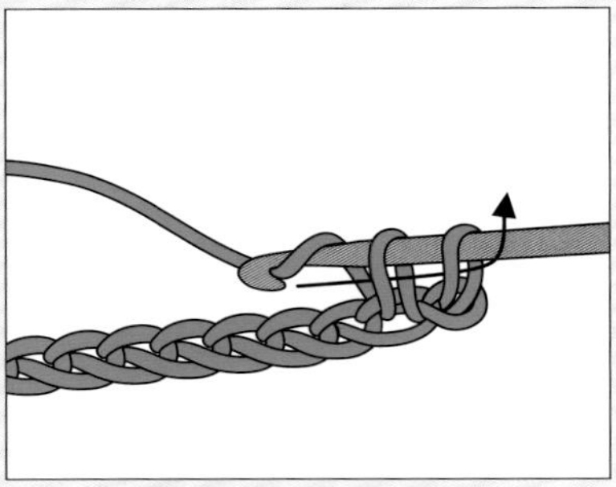

Den Faden erneut um die Nadel legen und durch beide Schlingen ziehen.

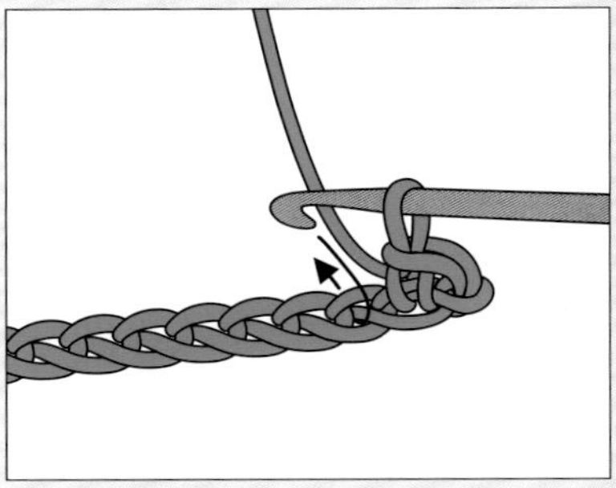

Die feste Masche ist fertig.

Feste Masche in die vordere Schlaufe

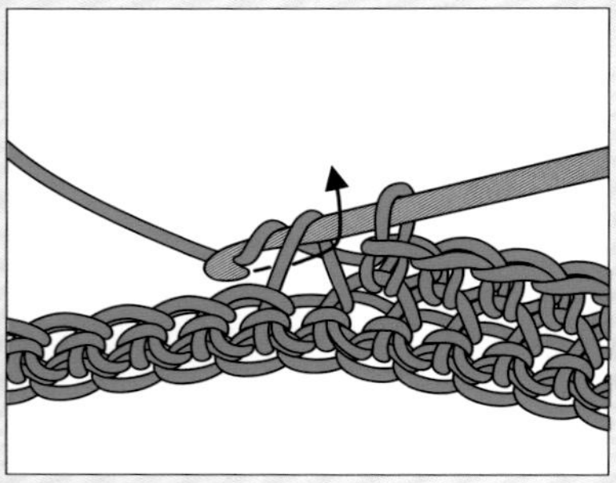

Beim Einstechen in die Masche der Vorreihe/-runde darauf achten, dass stets nur die vordere Schlaufe erfasst wird. Den Umschlag durchholen. Dann wie bei allen festen Maschen den Faden erneut um die Nadel legen und durch beide Schlingen ziehen.

Feste Masche in die hintere Schlaufe

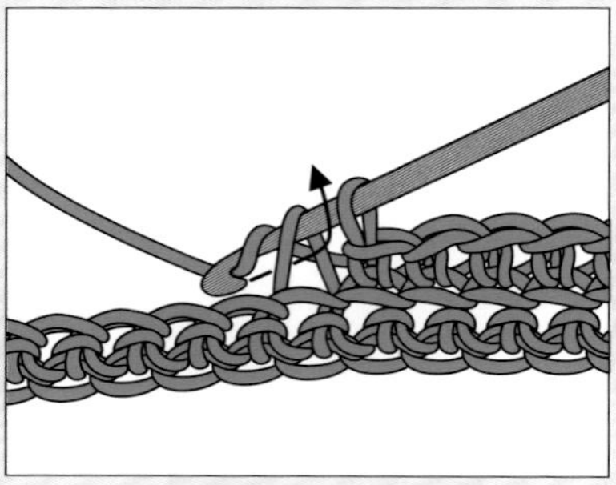

Beim Einstechen in die Masche der Vorreihe/-runde darauf achten, dass stets nur die hintere Schlaufe erfasst wird. Den Umschlag durchholen. Dann wie bei allen festen Maschen den Faden erneut um die Nadel legen und durch beide Schlingen ziehen.

Wendeluftmasche

Wendeluftmaschen werden wie normale Luftmaschen gearbeitet, implizieren jedoch ein Wenden der Arbeit und werden beim Zurückhäkeln stets übersprungen.

Büschelmaschen

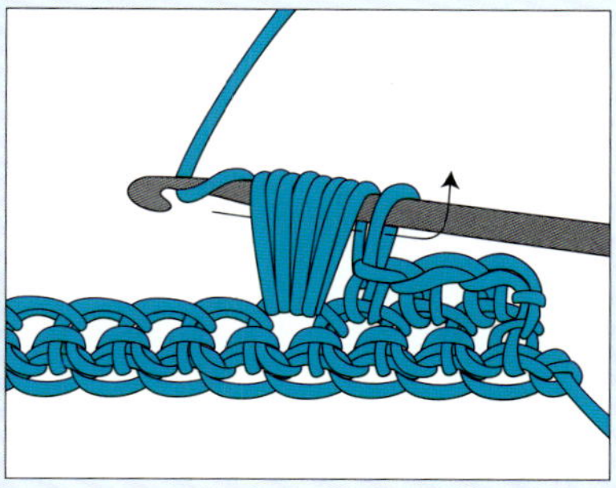

Einen Umschlag um die Nadel legen, einstechen, den Faden holen und durchziehen. Diese Schlinge lang ziehen.

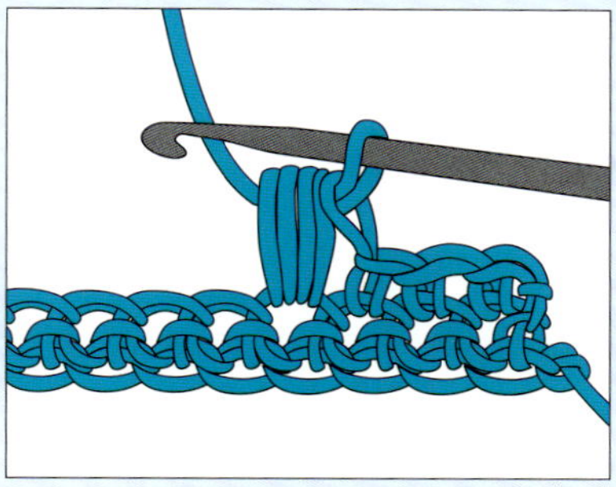

Einen weiteren Umschlag um die Nadel legen, einstechen, eine weitere Schlinge durchholen und lang ziehen. Dies noch 2-mal wiederholen.

Halbes Stäbchen

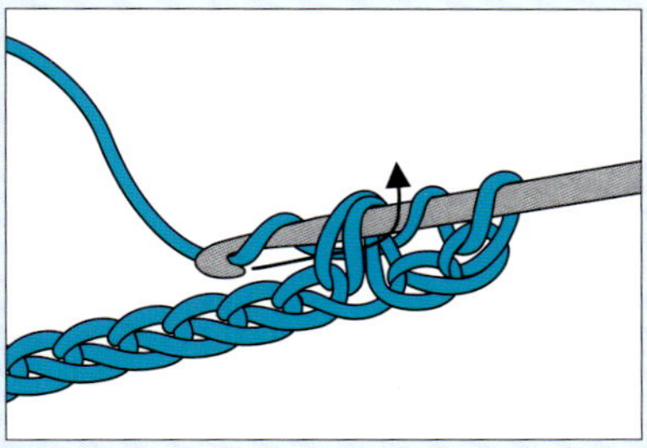

Einen Umschlag um die Nadel legen, in die vorgesehene Masche einstechen. Den Faden holen und durchziehen. Es liegen nun drei Schlingen auf der Nadel.

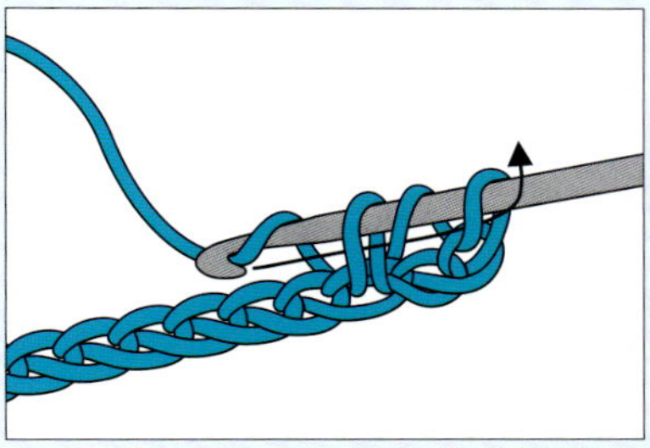

Den Faden nochmals holen und durch alle drei Schlingen ziehen.

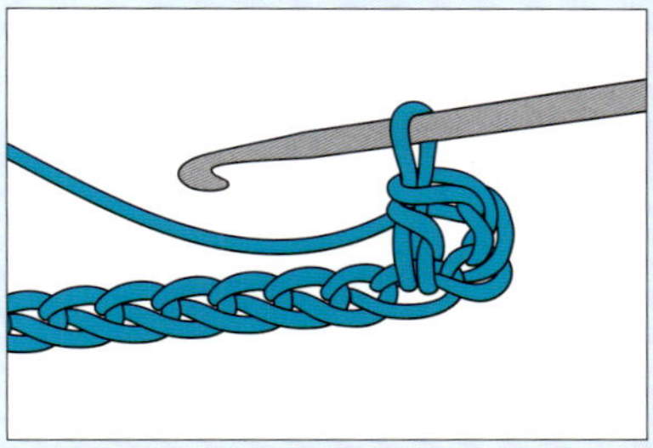

Das halbe Stäbchen ist fertig.

Stäbchen

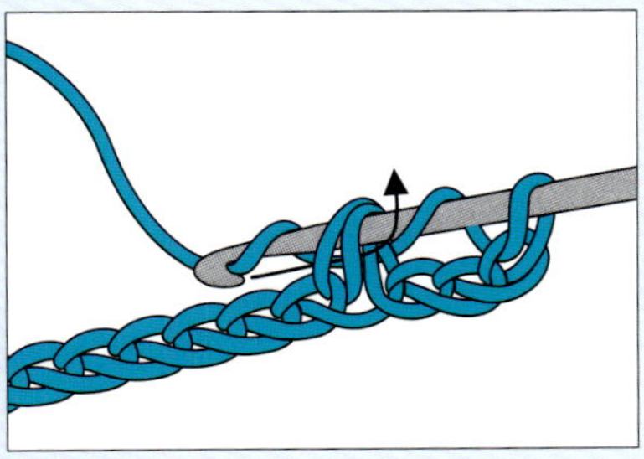

Einen Umschlag um die Nadel legen und in die vorgesehene Masche einstechen. Den Faden holen und durchziehen. Es liegen nun drei Schlingen auf der Nadel.

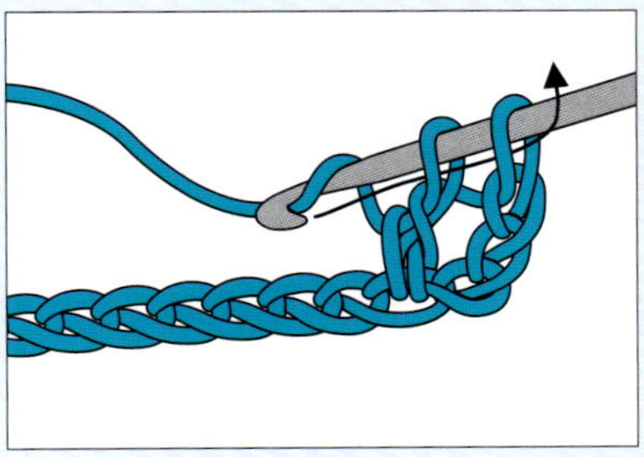

Den Faden erneut holen und durch zwei Schlingen der Nadel ziehen. Es liegen nun zwei Schlingen auf der Nadel.

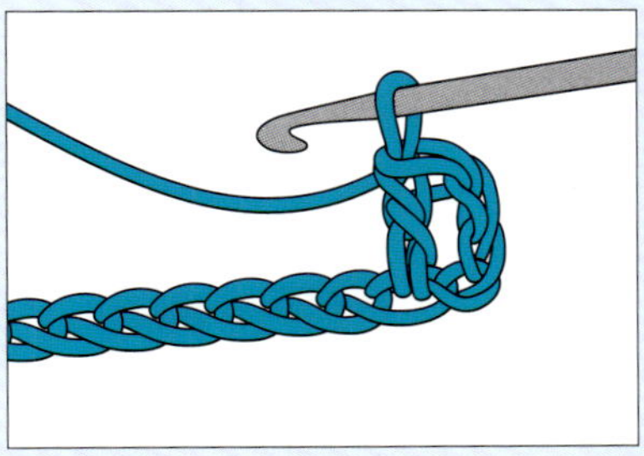

Den Faden nochmals holen und durch die restlichen zwei Schlingen ziehen. Das Stäbchen ist fertig.

Doppelstäbchen

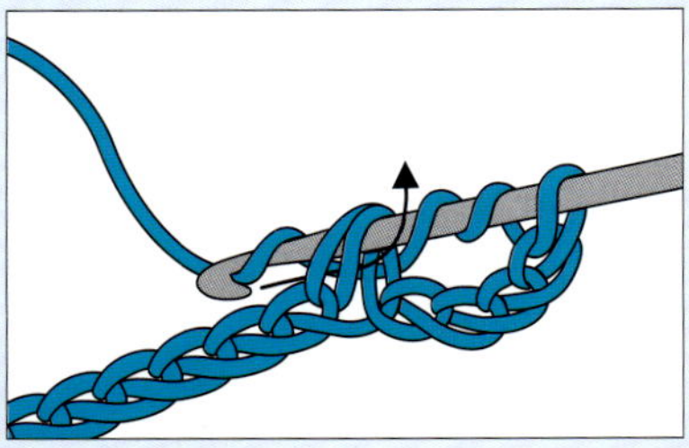

Zwei Umschläge um die Nadel legen und in die vorgesehene Masche einstechen. Den Faden um die Nadel legen. Diesen Umschlag durchziehen.

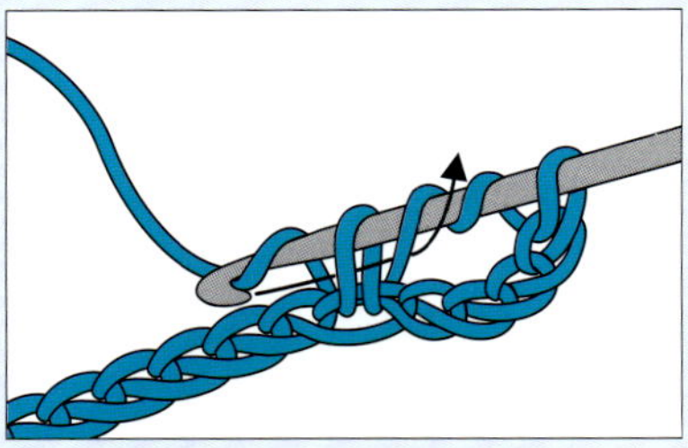

Es liegen nun vier Schlingen auf der Nadel. Den Faden wieder um die Nadel legen. Diesen Umschlag durch zwei der vier Schlingen ziehen.

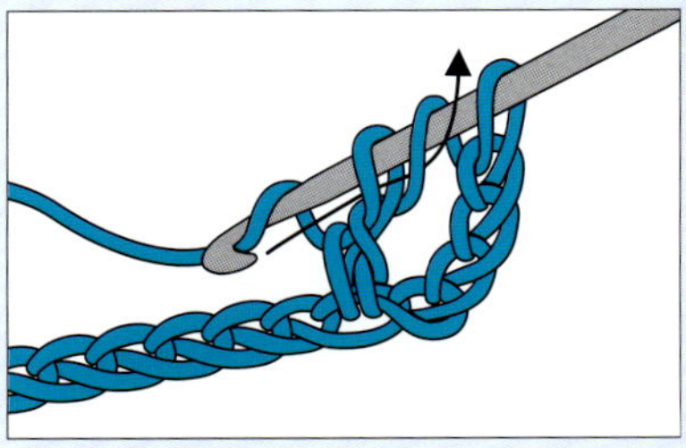

Es liegen nun drei Schlingen auf der Nadel. Den Faden wieder um die Nadel legen. Diesen Umschlag durch zwei der drei Schlingen der Nadel ziehen.

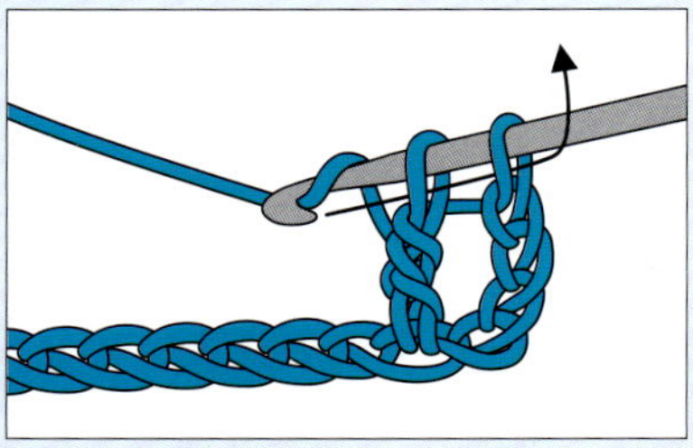

Den Faden noch einmal um die Nadel legen. Diesen Umschlag durch die letzten beiden Schlingen der Nadel ziehen.

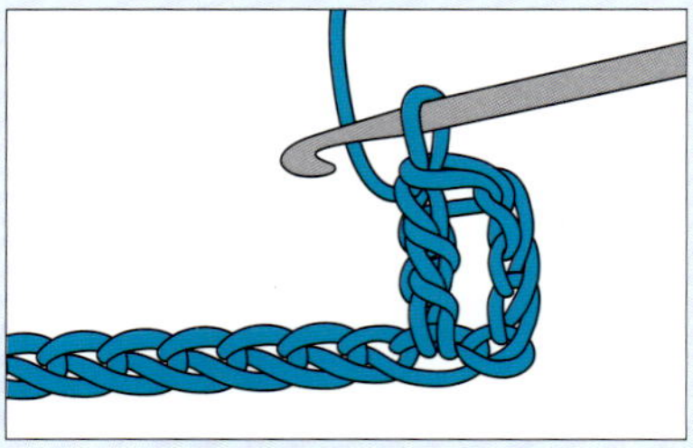

Das Doppelstäbchen ist fertig.

Abkürzungen

fm	feste Masche
Lm	Luftmasche
Km	Kettmasche
HStb	Halbes Stäbchen
Stb	Stäbchen
DStb	Doppeltes Stäbchen
BM	Büschelmasche
R	Reihe
Rd	Runde

Symbole

( )	wiederholen
(Zahl)	Maschenanzahl zum Rundenende

Schwierigkeitsgrad

★☆☆	Leicht
★★☆	Mittel
★★★	Anspruchsvoll

Unsichtbares Zunehmen

Beim unsichtbaren Zunehmen arbeitet man die erste feste Masche nur in die vordere Maschenschlaufe und die zweite feste Masche dann wie gewohnt in beide Schlaufen gleichzeitig.

***Achtung:** Beim Häkeln in Reihen wird die erste feste Masche immer in die von außen sichtbare Maschenschlaufe gearbeitet. Pro Reihe wird also immer zwischen vorderer und hinterer Schlaufe gewechselt.*

Unsichtbares Abnehmen

Beim unsichtbaren Abnehmen wird die Häkelnadel zunächst durch die vorderen Maschenschlaufen der folgenden zwei Maschen gestochen und der Faden dann durch beide Schlaufen gleichzeitig geholt. Der Faden wird dann wie gewohnt durch die beiden Fadenschlingen, die sich nun auf der Häkelnadel befinden, gezogen.

***Achtung:** Beim Häkeln in Reihen wird die Abnahme immer in die von außen sichtbaren Maschenschlaufen gearbeitet. Pro Reihe wird also immer zwischen vorderen und hinteren Schlaufen gewechselt. Zu beachten ist hier weiterhin, dass beim Häkeln in die vorderen Schlaufen die Häkelnadel erst in die übernächste und dann in die nächste Masche gestochen wird.*

Arbeit beenden

Endet die Arbeit mit einer Luftmasche, schneidet man den Faden einfach ab und zieht das Fadenende aus der Luftmasche und dann fest.

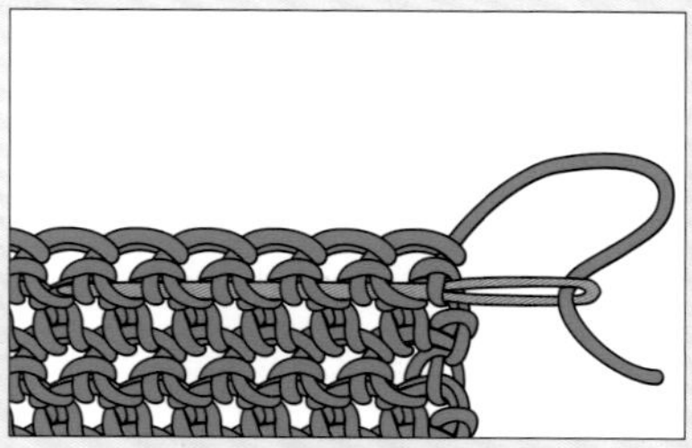

Falls angegeben, zum Vernähen das Fadenende in eine stumpfe Wollnadel fädeln und in die Randmaschen einziehen. Möglichst nicht durch das Garn stechen.

Endet die Arbeit mit einer Kettmasche, schneidet man den Faden ebenfalls ab und zieht ihn aus der Kettmasche. Danach fädelt man den Faden von vorne durch die folgende Masche und dann von oben wieder durch die Kettmasche (= durch die hintere Schlaufe). Damit dies besser hält, das Fadenende nun zusätzlich noch durch die hintere Schlaufe der Masche in der darunterliegenden Runde fädeln.

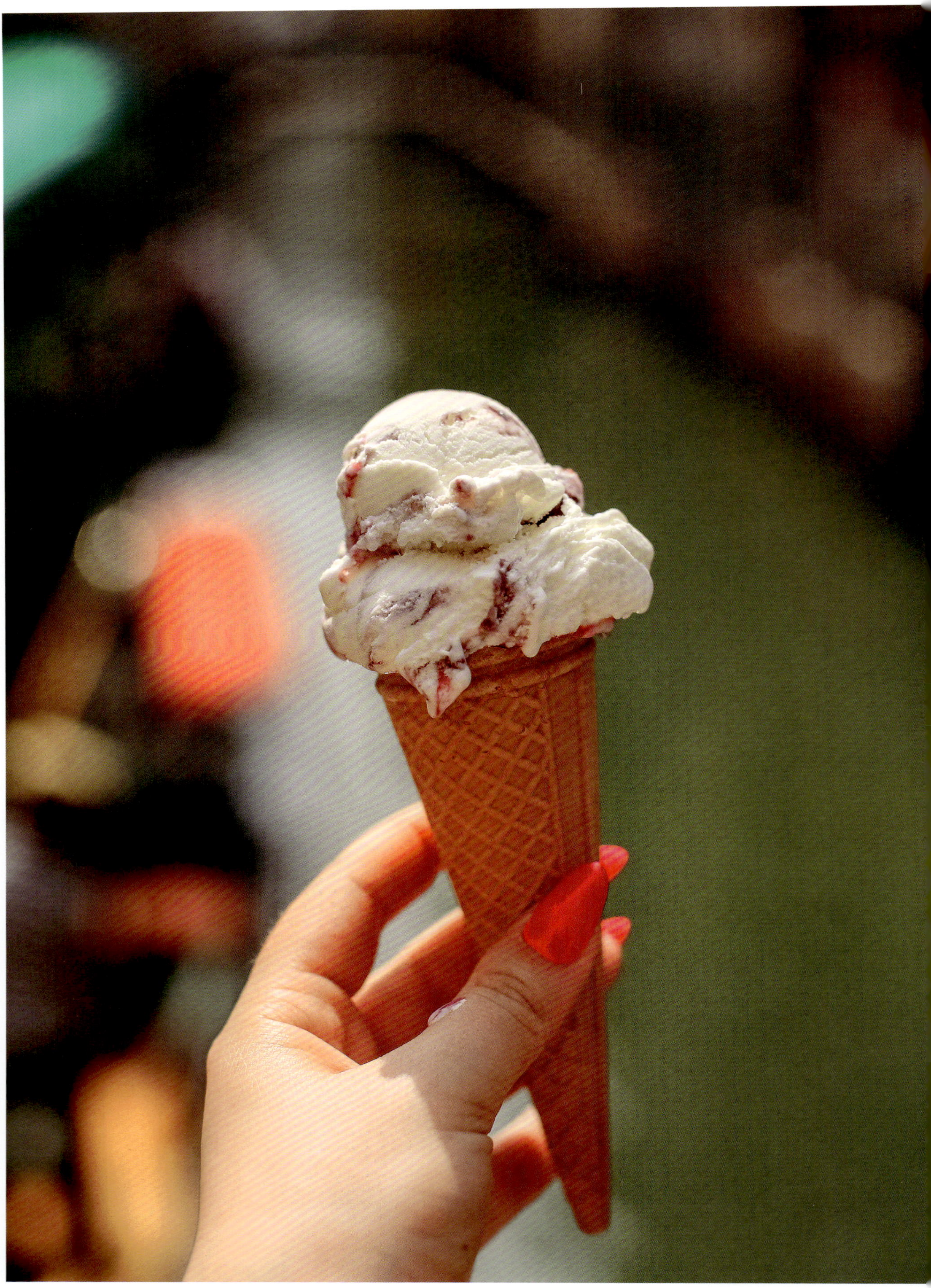

DANK

Mein Dank geht an meine zwei Kolleginnen, die mich zu diesem Buch inspiriert und mir Mut gemacht haben. Danke auch an meinen Mann, der mich unterstützte und an einen guten Freund, der mich so schön in Szene gesetzt hat.
Und danke für die tolle Zusammenarbeit mit dem Christophorus Verlag und die Gestaltung des schönen Buches.

Claudia

Ich möchte mich an dieser Stelle bei allen bedanken, die mich beim Prozess dieses Buches unterstützt haben.
Ein großer Dank gilt auch meinem Model Alisa Wirzberger und meiner Fotografin Elena Kilgenstein, ohne euch wäre das gar nicht möglich gewesen.

Anna-Lena

Mein Dank geht vor allem an meinen Freund Till, der mich mit viel Mut und Unterstützung bei dem Schreiben der Anleitungen bestärkt hat. Danke für die Kleinigkeiten, dein offenes Ohr und fürs Gut-Zureden. Danke auch an meine Freunde und Familie für die mentale Unterstützung. Das bedeutet mir sehr viel.
Außerdem danke an die gute Zusammenarbeit mit Lena und dem ganzen Team vom Christophorus Verlag. Die Chance zu haben, meine Anleitungen in einem Buch zu veröffentlichen, hat mich sehr gefreut.

Nadine

Vielen Dank an meine Familie und Freunde für die tägliche Unterstützung und Inspiration. Vor allem an meine beste Freundin, die regelmäßig Fotos von meinen Kreationen macht und die auch die schönen Fotos gemacht hat, die in diesem Buch zu sehen sind. Beim Christophorus Verlag bedanke ich mich für die Gelegenheit, an diesem schönen Projekt mitarbeiten zu dürfen und für die schöne Umsetzung.

Sophie

DIE AUTORINNEN

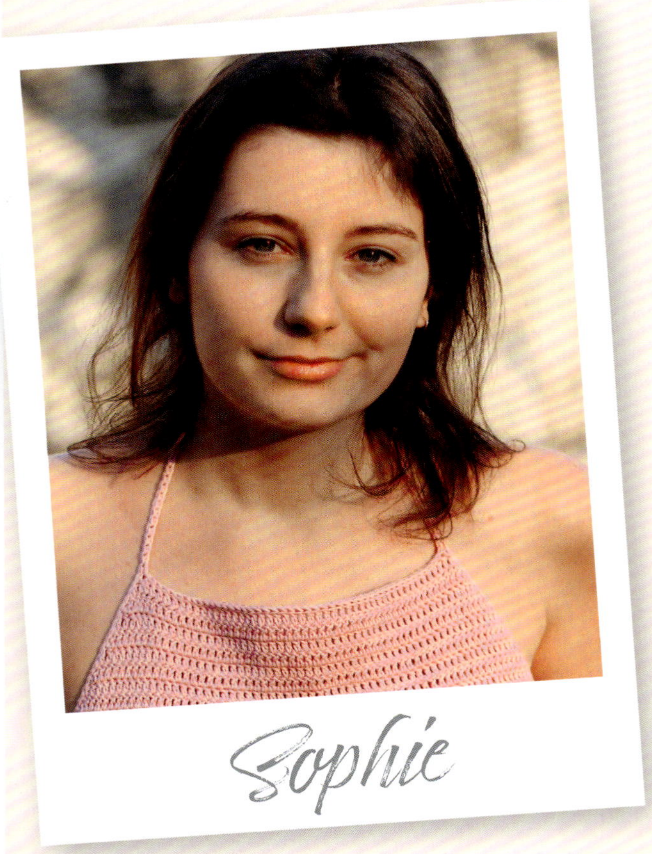

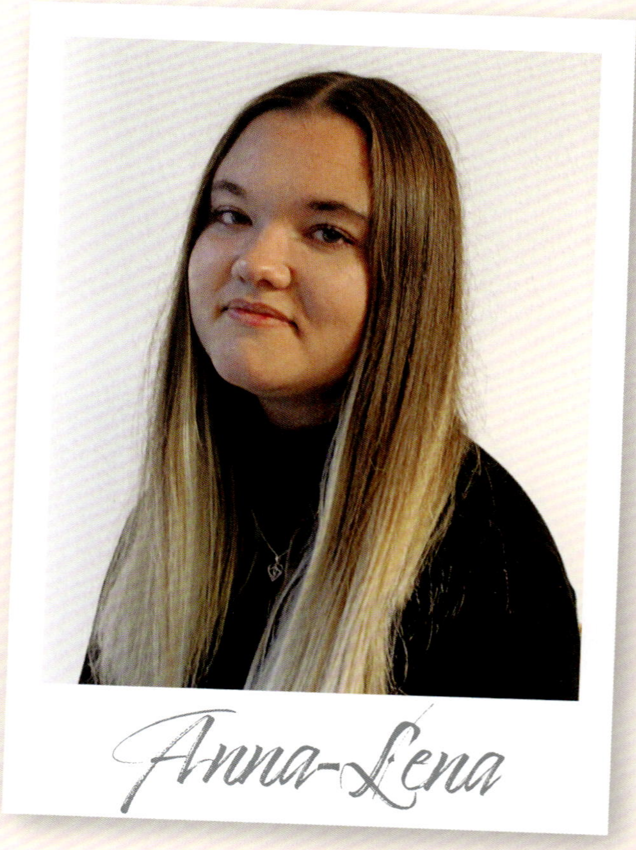

@STUDIO.LIESELOTTIE

Sophie Klein ist 27 Jahre alt und liebt es, Dinge selber zu machen. Häkeln hat sie schon als Kind gelernt, aber erst als sie merkte, dass sie ihre ganz individuelle Kleidung designen kann, hat es sich zu einer Leidenschaft entwickelt. Sie inspirieren Farben, Texturen und Formen. Meist starten ihre Projekte mit einer initialen Idee oder Vorstellung und entwickeln sich dann im Prozess weiter.

@_ALESCREATION_

Anna-Lena Wirzberger ist 21 Jahre alt und kommt aus der Nähe von Lohr am Main. Sie arbeitet hauptberuflich als Kauffrau für Büromanagement in ihrem kleinen Familienunternehmen, nebenbei häkelt sie mit Leidenschaft und verkauft ihre Werke auf Etsy. Gehäkelt hat sie schon immer sehr gerne, vor allem mit ihrer Mom zusammen, die ihr stetig Neues beigebracht hat.

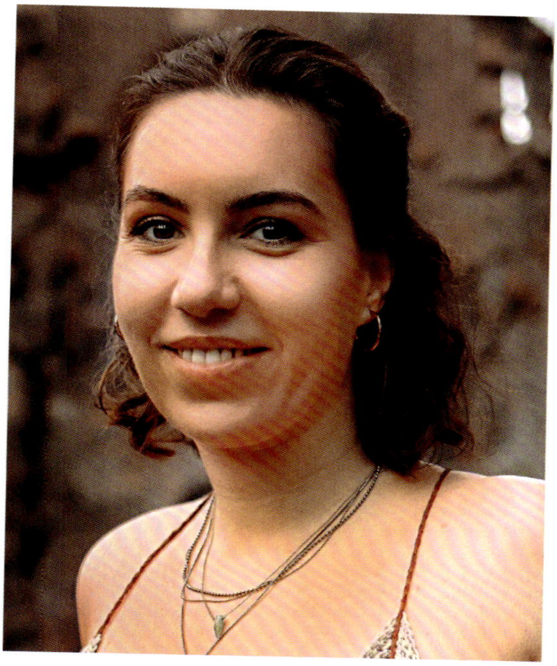

Nadine

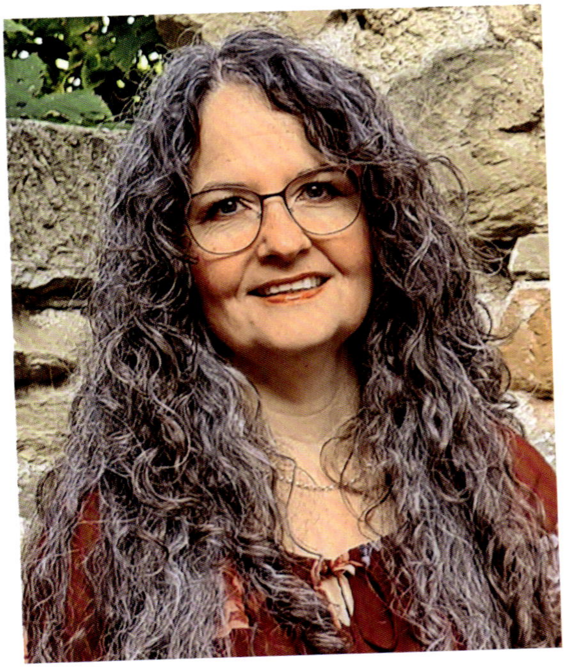

Claudia

@MODERNEMASCHE

Nadine Trieschmann, Jahrgang 1992, studierte Betriebswirtschaftslehre und Wirtschaftsinformatik. Das kreative Arbeiten begleitet sie schon seit Kindheitstagen und diente ihr während des Studiums als Ausgleich und Entspannungstechnik. Ihre große Liebe zu Garnen und dem Häkeln entwickelte sich erst in den späteren Jahren. Seitdem sind die Häkelnadeln und eine Tasche voll Wolle überall dabei. Auf ihrem Instagram-Profil „Modernemasche" zeigt sie regelmäßig neue Häkeldesigns. Das Ziel: moderne Häkelmode in den deutschsprachigen Raum bringen und der Fast-Fashion-Industrie den Kampf ansagen.

@HERZFLECK

Claudia Rieger ist 50 Jahre alt. Handarbeiten ist ihre große Leidenschaft und sie liebt Wolle. Vom Stricken kam sie zum Häkeln, und es lässt sie nicht mehr los. Gerne häkelt sie mit Verlaufswolle. So entstehen viele Dinge wie Traumfänger, Tops, Jacken, Decken, Taschen und vieles mehr, die sie selbst kreiert. Darüber hinaus spinnt sie sehr gerne am Spinnrad, wodurch sie ihre eigene Wolle herstellt.

IMPRESSUM

Anleitungen und Fotos:
Lieselotte Sophie Klein, Anna-Lena Wirzberger (Fotos Anna-Lena: Elena Kilgenstein), Nadine Trieschmann (Fotos Nadine: Jan Croonenbrock), Claudia Rieger
Produktmanagement: Lena Denu
Lektorat: Brigitte Schnock
Korrektorat: Mareike Weber
Umschlaggestaltung: Regina Degenkolbe
Layout: Andreas Kersten
Repro: LUDWIG:media
Herstellung: Julia Hegele
Printed in Türkiye by Elma Basim

★★★★★

Sind Sie mit diesem Titel zufrieden? Dann würden wir uns über Ihre Weiterempfehlung freuen. Erzählen Sie es im Freundeskreis, berichten Sie Ihrem Buchhändler oder bewerten Sie beim Onlinekauf. Und wenn Sie Kritik, Korrekturen oder Aktualisierungen haben, freuen wir uns über Ihre Nachricht an Christian Verlag, Postfach 40 02 09, 80702 München oder per E-Mail an lektorat@verlagshaus.de.

Unser komplettes Programm finden Sie unter

www.christophorus-verlag.de

Die Deutsche Nationalbibliothek verzeichnet diese Publikation in der Deutschen Nationalbibliografie; detaillierte bibliografische Daten sind im Internet über www.dnb.de abrufbar.

ISBN 978-3-8410-6743-2

Kreativ-Service

Sie haben Fragen zu unseren Büchern und Materialien? Wir beraten Sie gern rund um alle Kreativthemen.
Rufen Sie uns einfach an. Wir interessieren uns auch für Ihre eigenen Ideen und Anregungen.
Sie erreichen uns per E-Mail kreativ-service@c-verlag.de oder unter der Telefonnummer 0049-89-1306 99 577.

Besuchen Sie uns im Internet: www.christophorus-verlag.de & www.selbstgemacht.de

Ebenfalls erhältlich ...

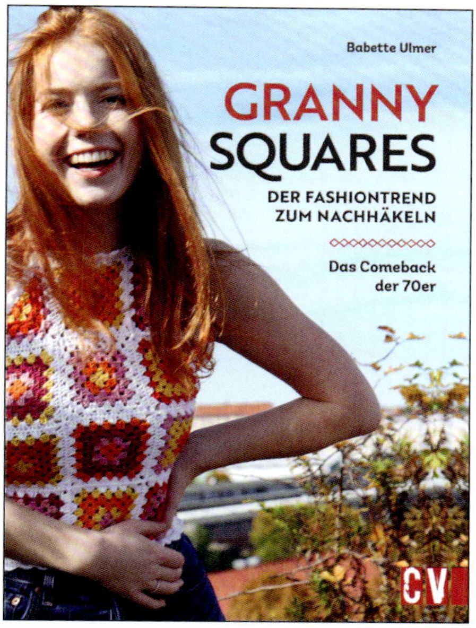

ISBN 978-3-8410-6724-1

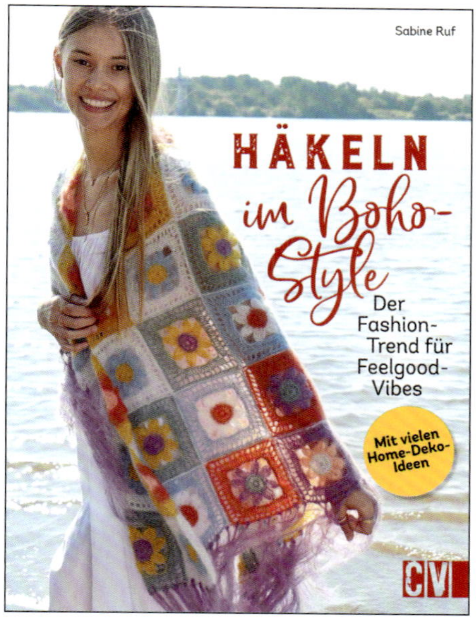

ISBN 978-3-8410-6682-4

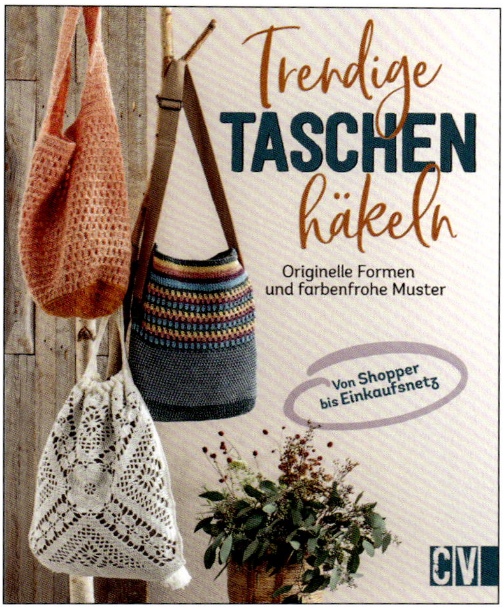

ISBN 978-3-8410-6685-5

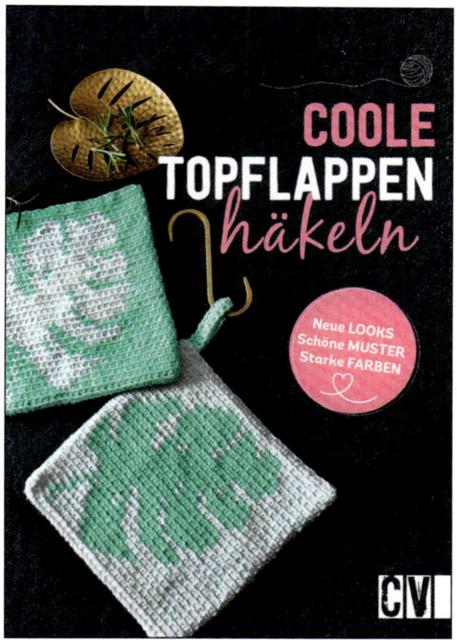

ISBN 978-3-8410-6705-0

www.christophorus-verlag.de